한국은 어디로 가고 있는가

한국은 어디로 가고 있는가

| 박이문 지음 |

철학과현실사

머리말

이 책은 한국의 정치적 상황과 관련된 단편적인 글들을 모은 것이다. 모든 인간이 정치가는 아니지만, 그가 무엇을 하든 그는 정치로부터 완전히 자유로울 수 없다. 인간은 정치적 동물이기 때문이다. 인간 간의 관계가 외형적으로는 인류 전체의 차원에까지 확대되고 내부적으로는 뇌나 세포의 DNA나 양자역학이 보여준 물질의 구조만큼 차츰 더 복잡해져가고 있다. 지난 한 세기 동안 우리 민족만큼 이렇게 격렬한 정치적 변화를 체험한 민족은 많지 않으며, 지난 20여 년 동안만큼 한국 반도가 복잡하면서도 크고 급격하면서도 거센 변화의 물결을 타본 적은 거의 없었다. 아직도 우리는 격동하는 역사적 소용돌이 속에서 허우적 거리며 우리의 불투명한 역사적 전개, 예측할 수 없는 미래의 정치적 운명에 직면하고 있다.

나의 직업이 정치와는 전혀 관계가 없지만, 한 사람의 한국인으로서 내가 어찌 한국의 운명에 무관심할 수 있었을 것이며, 한 사람의 지식인으로서 내가 한국의 정치적 상황에 발언해야 한다는 의무감을 어찌 느끼지 않을 수 있었겠는가? 여기 모은 글들은 바로 이와 같은 맥락에서 지난 20여 년 동안에 여러 기회에 쓴 것들이다. 그 가운데는 1989년에 보스턴의 한 교회 잡지에 발표되었던 것도 있지만, 그 이외의 것들은 1990년대 이후에 썼던 것들이며, 그 가운데는 작년, 즉 2006년 말과 금년 초에 쓴 것들도 몇 편 있다. 제1부의 첫 세 편은 작년, 즉 2006년에 9개월에 걸쳐서 계간지 『철학과 현실』에 3회 연재되었지만 집필은 2006년 1월말에 끝나 있었다.

　이 책의 모든 글들이 쓰고 발표된 때와 정치적 상황은 서로 다르고 거기 담긴 구체적 내용도 각기 다르지만, 한국의 정치적 특히 이념적 상황에 대한 나의 생각에는 큰 틀에서 볼 때 줄곧 큰 변함이 없었다. 그 핵심은 20년 전은 물론 10년 전과도 많이 달라진 오늘의 정치적 이념적 현실에 기초한 나의 최근의 판단과 입장을 반영한 글들, 즉 작년에 발표한 몇 편의 글들 속에 요약된다. 내가 이 책을 내려는 것은 바로 위의 몇 편의 글에서 말하고자 했던 나의 생각을 더 많은 독자들에게 전하고 싶었기 때문이다. 그런데도 20년 전에 발표했던 글까지 이 책에 포함했던 것은, 다른 글들이 시간적으로나 상황적으로나 특정한 시사성과 반복성을 갖고 있음에도 불구하고 바로 현재의 나의 생각과 근본적으로는 일관성을 갖고 있으며, 따라서 나의 현재의 입장을 조명하고 부각시키는 데 도움이 되리라고 믿기 때문이다. 지난 10여 년 동안 한국이 전 세계와 더불어 많이 바뀌었고 현재도 급속도로 바뀌는 과정에 있지만, 여기에 내가 제기하는 문제의 본질은 아직 60여 년 전과 달라지지 않았다. 이런 점에서 이 책에 담긴 2년 전, 아니 1년 전에 썼던 글들도 아직 그것들의 시효를 잃지 않고 있다고 확신한다. 더욱이 최근의 6자 회담에서 북한과 5개국 간의 북핵에 대한 합의 도달이 발표된 현재까지도 마찬가지라고 생각한다.

여기 모은 글들은 한국의 정치적 현실에 대한 나 나름대로의 인식과 소신, 그런 인식이 함축하는 한국의 미래에 대한 걱정과 아울러 한국의 미래에 대한 강렬한 꿈의 산물이다. 여기서 나는 남들이 건드리기를 꺼려하는 거북한 문제를 제기하고, 남들이 발언하기를 피하려고 하는 발언을 했다고 스스로 생각한다. 내 인식이 잘못되었고, 내 걱정이 근거 없는 것임이 밝혀지기를 간절히 바란다.

이 자리를 빌려 이 책이 나오기까지 애써주신 <철학과 현실사> 사장님과 편집부 여러분께 감사의 뜻을 전한다.

2007년 3월, 일산 문촌마을
박 이 문

차 례

차 례

제1장

오! 대한민국

그래도 남한에 살아남은 것은 축복이다

전자, 생명공학, 조선, 자동차 분야에서 첨단을 달리고, IMF의 위기를 현명하게 극복하고, 2만 달러 가까운 개인 GDP를 기록하고, 세계에서 11번째 큰 무역국으로 성장한 오늘의 한국은 건강하고 안정되고 발전하고 있으며 앞날도 밝다. 하지만 역설적으로 오늘날 한국은 어느 때보다도 혼탁하며, 불안한 시련을 겪고 있으며, 위기에 직면하고 있다. 이러한 현상은 김대중의 국민의 정부가이 들어서고 그것이 노무현 정권으로 연장되면서 더욱 표면화되고 과격해져가고 있다.

현상의 본질은 경제적이 아니라 이념적이다. 이러한 사실은 수많은 문제가 '색깔론', '진보와 보수', '좌파와 우파'

간의 담론, 논쟁, 데모 등의 형태로 표출되고 있는 것으로 알 수 있듯이, 경제적이거나 정치적이기보다는 이념의 색채를 띤다. 이념이 한 국가나 사회를 지탱하는 가장 근본적인 관념적 골격임을 전제할 때, 오늘날 이념의 동요와 위기는 곧 그 사회의 가장 근본적인 동요, 혼란 그리고 위기를 의미하며, 이런 위기를 극복하기 위해서 우리에게 먼저 필요한 것은 이념의 투명한 정리와 결연한 선택이다.

더구나 현재 한국에서의 이념적 문제는 관념적, 추상적, 지적 문제에 그치지 않고 현실적, 구체적, 생존적 문제다. 그것은 인위적으로 분단된 한반도의 통일 민족 국가 건설이 남북 한민족 모두의 한결같은 절대적 가치라는 사실과 맞물림으로써 더욱 복잡하다. 광복 이후 지난 60년간의 한반도의 불우한 분단의 역사와 그러한 결과로 나타난 객관적이고도 구체적인 현실에 비추어볼 때, 현재 한국이 경험하고 있는 이념적 위기의 심각성은 그 위기의 실상이 단순히 자유민주주의와 획일적 공산주의 간의 정치적 선택이나 자본주의와 국가계획경제 간의 선택 문제가 아니라, 현재 대한민국의 국가 체제와 현재 조선민주주의인민공화국의 사회 체제 간의 선택, 더 적나라하게 표현하자면 북한 정권 비판적 이념이냐 아니면 북한 정권 옹호적 이념이냐 간의 양자택일을 해야 하는 문제로 바뀐다.

그것을 더 단순하게 말해보자. 비록 두 체제의 모두에 큰 문제가 많지만, 그래도 그 중 어느 것이 조금이라도 덜

나쁜가의 판단을, 이념적으로나 현실적으로나 극단적으로 상반되는 두 사회 체제 가운데 어느 한 땅에만 살아야 된다는 선택을 해야 한다면, 우리는 과연 어떤 쪽을 선택할 것인가를 냉정히 생각해봐야 한다.

이런 극한 상황에 몰리지 않고 남한과 북한의 이념적, 국가 정치 사회적 체제 간의 갈등을 초월한 통일을 이룩할 수 있다면 얼마나 좋겠는가? 만일 그런 방법이 있다면 그것은 어떤 것일 수 있는가? 가장 쉬운 방법은 한쪽을 다른 쪽에 흡수하는 것이 있을 수 있으며, 다른 방법은 두 체제를 절충해서 그 어느 것과도 다른 제3의 새로운 체제의 고안일 것이다. 그러나 두 가지 방법이 다 같이 쉽지는 않다. 통합 방법이 한쪽이 다른 쪽에의 종속 아니 죽음을 의미하고, 그러한 종속은 인간의 심리적 본성에 배치되는 만큼, 물리적 폭력에 의존하지 않는 한 첫째 방법은 불가능하다. 절충적 방법 또한 그 두 체제가 각기 갖고 있는 특정한 한 부분들을 떼어 그것들의 새로운 조합을 의미한다면 그것은 실질적으로나 논리적으로 불가능하다.

국가나 사회의 체제는 곧 서로 따로 뗄 수 있는 부분들의 원자적 집합물이 아니라 총체적으로만 의미를 갖는 단 하나의 유기체이기 때문이다. 대한민국과 인민공화국의 현재의 상황에서 볼 때, 우리가 현재 처한 남북 간의 정치적 및 이념과 체제들 간의 갈등 상황에 대처할 수 있는 유일하게 남은 길은 우리의 이념적, 정치 체제적 선택을 각자 분명히 함에 있다. 좀더 소박하게 설명하지만, 바로 오늘의 상황에서 바라볼 때 우리는 각자 어느 쪽의 땅에서 어느 쪽의 국민으로 살고 싶어하는가를 스스로에게 물어보고 결정해서 그 결과를 책임지고 감수할 마음의 준비를 하는 방법 이외는 다른 도리가 생각나지 않는다.

"그래도 남한에 태어나 살아남은 것은 크나큰 축복이다"라는 말이 나의 선택에 관한 솔직한 대답이다. 적어도 나 개인적 입장에서 볼 때 남북한이 관련된 이념의 문제에 관한 한 나의 모든 생각은 바로 위와 같은 나의 명제를 한결같이 전제한다. 적어도 이 문제에 관한 한 과거에는 어떻게 됐었던, 이 문제를 심사숙고하고 자신에게 정직할 수 있는 남한의 모든 이들이 나의 생각에 공감하리라고 나는 믿고 싶고 또 그렇게 믿는다. 어떤 근거로 어떻게 해서 나는 바로 이와 같은 전제를 갖게 되었으며, 그런 전제의 준거는 무엇인가?

몇 백만의 목숨을 앗아간 6·25전쟁에서 살아남은 것이 나는 부끄러웠고, 55년이 지나 희수(稀壽)를 맞는 오늘도 가끔 부끄럽게 생각된다. 자신들의 의지와는 상관없이 개인적으로는 전혀 알지도 못하는 먼 이국의 땅 한반도에서 목숨을 잃은 수십만 외국의 젊은 군인들을 생각하면 더욱 그렇다. 이념에 대해서는 아무것도 모른 채 이런저런 이유와 원인으로 목숨을 잃은 수많은 국군과 인민군, 남쪽의 동포와 북쪽의 동포들을 생각하면 더더욱 그렇다. 어느 편에 속했던 것과는 상관없이, 이념적 신념을 위해 목숨을 걸고 싸우다 죽은 남북의 애국자들, 특히 당시 내 또래 젊은이들, 학도지원병으로 자진해서 트럭을 타고 돈암동 전차 종점을 지나 미아리 고개를 넘어 총알이 날리는 제일선에 참전하여 곧 전사한 젊은이들의 얼굴이 아직도 눈에 선하다.

하지만 나는 그 전쟁에서 살아남을 수 있었던 것을 천운으로 생각하고, 아직도 살아남아 자유롭게 살 수 있어 더욱 좋다. 그것도 38선 이북이 아니라 이남에서, 현재 내가 살고 있는 나라가 천국과는 너무나 멀고, 아직도 선진국과의 격차가 크다는 것을 누구보다도 잘 알고 있지만, 조선민주주의인민공화국이 아니라 대한민국에 살 수 있는 것은 크나큰 축복이라고 믿는다. 6·25전쟁 때 아차 했으면 한국이 조선민주주의인민공화국 체제 아래에 완전히 적화되었으리라는 것을 회상하면, 또 그 이후에도 그러한 가능성이 몇 차례 있었던 것을 인정하면, 지난 반세기 동안 대한민국은 때로는 '바나나 공화국', '깡패 집단', 아니 '지옥'으로밖에는 달리 볼 수 없을 때도 있었지만, 같은 기간의 북조선의 객관적 사정을 알고, 두 국가의 객관적 현실을 상대적으로 냉정하게 비교해볼 때, 시간이 갈수록 더욱 그렇다.

이런 생각을 할 때마다 내 기억에는 절친했던 고등학교

동창 윤상기의 모습이 떠오르고 그의 이념을 초월한 우의를 잊을 수 없고 그의 우정을 무한히 고맙게 생각한다. 우리는 둘도 없이 절친한 친구였지만, 당시 치열한 이념적 갈등 속에서 전쟁 직전까지 그는 공부 잘하고, '민족보다는 계급', '자유보다는 평등', '민주주의보다는 전체주의', '미국보다는 소련'을 선호하고, '문화 예술보다는 정치'에 더 관심을 갖고, 체격이 좋고 싸움을 공부 못지않게 잘하는 이른바 '좌익 학생'으로 찍혀 경찰서에 자주 끌려가곤 했다. 반면, 나는 공부 잘하기로는 마찬가지였지만, 사상적인 면에서 오히려 그와 반대에 가까운 생각을 하고 있는 편이었다.

탱크를 앞세우고 따발총을 멘 인민군에 의해 맥없이 점령된 1950년 6월 28일 새벽부터 서울의 종로 거리는 김일성과 마르크스와 스탈린의 거대한 초상화들을 높이 든 시위대들로 이미 와글거리고 있었다. 그는 그 속을 헤치고 멀리서 나를 찾아와 자신은 의용군으로 지원해서 일선에 나가야 하지만, "너는 절대 가지 말고 피해라"고 만류했다. 그리고 그는 나를 한 번 더 뒤돌아보면서 어디론가 갔다. 그의 정보와 만류가 없었더라면 나도 반신반의 어정쩡한 상태에서 의용군에 끌려갔을 것이다. 그랬더라면 나는 그 후 전사해서 지금 살아 있지 못했을 개연성이 크다. 그가 나의 목숨을 건졌다고 할 수 있다. 이렇게 보면 그는 나의 생명을 간접적으로 구해준 은인이다. 어찌 내가 그의 우정, 그의 은혜를 잊으랴. 죽을 때까지 말이다.

나는 지금까지 오래 살았고 아직도 살아 있다. 하지만 그는 전사하지 않고 살아남았을까? 그가 전쟁의 포화에서 살아남았더라면, 과연 그 이후도 살아남았을 수 있었을까? 개성이 강하고 꼿꼿했던 그의 성격과 북한 체제로 보아, 그가 전쟁에 살아남았더라도 어쩌면 그는 오래 전에 숙청되었거나 어느 집단수용소에 있을 가능성이 크다고 유추될 때 가슴이 아프다.

60년 전 1945년 8월 15일은 한반도가 광복을 찾은 날인 동시에 민족의 새로운 비극을 가져오게 될 남북의 분단과 이념적 갈등이 시작되는 날이었다. 한반도는 38선을 가운데에 두고 남북이 각기 미군과 소련군의 군사 통치 아래에 놓이게 되었고, 그에 따라 공산주의와 자유민주주의 좌익과 우익 간의 이념적 대립이 치열해지고, 마침내 6·25전쟁의 원인이 되었고, 60년이 지난 오늘날까지도 세계에서 군사적 긴장이 가장 큰 지역으로 남아 있게 되었다. 1948년 남과 북에서 이념을 달리하는 두 정부가 수입된 후 특히 6·25전쟁 후에는 이념적 선택의 여지가 아무 곳에서도 없었지만, 그 이전의 극히 혼탁하게 격동했던 3년간은 남한에서는 선택의 여지가 있었을 뿐만 아니라 알게 모르게 모든 지식인들에게는 그런 이념적 선택이 강요되었다.

당시 농촌에 서울로 유학온 중학생이었던 나는 정치나 이념에 관해서 어떤 이론도 아는 것이 전혀 없이 위대한 시인이 될 꿈을 막연히 꾸던 앳된 문학 소년에 지나지 않았다. 하지만 지적 호기심이 많았던 나는 좌익과 우익 양 진영에서 여는 정치적, 이념적, 문학적 강연회를 틈나는 대로 열심히 찾아다녔었다. 정치적 및 이념적 좌우 대립 구도에서 나의 마음은 좌익보다는 우익, 소련보다는 미국, 통제된 사회보다는 자유분방한 사회에 기울어지고 있었다. 그러나 내가 이 같은 이념적 성향을 보이게 된 더 직접적이고 근본적인 이유는 당시 열렬한 나의 민족주의였다. 나로서는 소련이 제안하고 한국의 좌익 단체들이 지지한 '한반도 신탁통치안'을 받아들일 수가 없었다. 광복되어서부터 남과 북에 각기 정부가 서기 전까지의 3년 동안의 어느 해에 3·1절 기념 행사가, 동대문에 있는 서울운동장에서는 우익 단체가, 남산에서는 좌익 단체가 각각 집회를 가진 다음 시위 행렬을 했었다. 그때 내가 택한 곳이 남산이 아니라 서울운동장이었던 것은 아주 자연스러운 일이었다.

그러나 이 무렵부터 6·25라는 대지진이 일어나 세상이 뒤바뀔 때까지 나는 달라져가고 있었다. 여운영, 장택상, 송진우, 김구 등의 암살 사건을 비롯한 폭력 행위 등으로 표출되는 정치적 및 사회적 혼란을 목격하고, 대한민국 수립 후에도 끝이 보이지 않는 정치적 혼란과 사회 도덕의 부패상을 관찰하면서 나는 정치적으로 차츰 우익에서 멀어져 좌익 쪽으로 기울어져 가고 있었고, 가정적으로는 점점 어려워져가는 경제적 여건과, 개인적으로는 편두통, 위궤양 등에 의한 육체적 고통 및 헤어날 수 없었던 허무주의 속에서 실존적 고민과 씨름하고 있었다. 숨이 막힐 만큼 답답하고 아무 희망도 보이지 않는 어둠 속에서 나는 어딘가 탈출구를 찾고 있었으며, 새로운 시작을 갈구하고 있었다. 이런 맥락에서 모든 한국인에게 그러했을 것이지만, 나에게도 6·25 전쟁은 꿈에도 상상할 수 없었던 당황, 변화, 파괴, 고통을 몰고 온 대지진이었지만, 그와 동시에 나는 이 지진이야말로 나의 삶을 영점에서부터 새로 시작할 수 있는 어떤 기회일 수 있다는 생각을 했다. 어떻게 보면 나는 '김일성 만세! 인민군 만세!'를 불러야 했을 것이다.

그러나 전쟁이 난 3일 후 새벽, 탱크를 앞세우고 따발총을 멘 인민군들이 몇몇 경찰관들의 시체가 널려 있는 종로 경찰서 앞을 "김일성 만세!", "인민군 만세!", "이승만 타도!", "미제 격멸!" 등의 구호를 외치며 개선장군인 양 행진하는 것을 당황스럽고 공포에 찬 눈으로 어리둥절하게 바라보면서 나의 생각은 다시 한 번 달라지기 시작했다. 공산주의는 그 자체가 바로 위협이며, 공포이고, 공산군은 그 자체가 집단적 억압과 테러라는 생각이 선뜻 머릿속을 스쳐갔다. 이런 나의 의식의 전환, '깨달음'은 바로 그 다음날부터 계속되는 김일성, 마르크스, 스탈린의 어마어마한 초상화를 앞세운 군중들의 대열, 인민공화국의 깃발과 "x, y, z" 등의 인민위원회와 그 밖에 수많은 "위원회"의 깃발을 단 공산당원들을 싣고 질주하는 지프차들을 공포에 질린 눈으로 보게 되면서부터 급속도로 더욱 커져갔다. 한마디라도 말을 하는 사람이 없었다. 아무도 자신의 생각을 할 수 없는 상태였다. 아무도 자신의 속생각을 남에게 이야기할 수 없었다. 세상은 공포이자 침묵 그 자체로 바뀌었다. 세상은 그 자체가 통제며, 사람들은 위에서부터의, 수령님으로부터의, '당'과 '동무로'부터의 지령이나 전달에 따라 움직이게 되었다. 자유는 숨을 완전히 거두었다.

내가 이승만 대통령을 진심으로 존경한 적은 없다. 이승만이 한국의 현실을 잘 모른다고 여겼다. 나는 남한의 단독 정권 수립에 열광하지 않았다. 반쪽 독립이기 때문이다. 나는 '대한(大韓)'이라는 말보다는 '조선(朝鮮)'이라는 국호(國號)를 선호했다. 국화(國花)로는 무궁화 꽃보다는 진달래꽃이 좋다고 여겼다. 태극기(太極旗)도 마음에 꼭 닿지 않는다. '대한'이라는 개념이 어색하고, 무궁화 꽃이나 태극기가 가장 한국을 각기 대표하는 꽃이며, 표상하는 상징물이라고 생각하지 않았으며, 모두 미학적으로 마음에 썩 들지 않았기 때문이다. 1957~1958년 프랑스 정부 장학생으로 파리에 유학했던 1년간 어떤 경로였는지는 알 수 없었으나 내 기숙사에 들어온 북한 선전용 잡지에서 한국 어디에서도 볼 수 없었던 평양의 현대적 건물과 시골의 산뜻한 신식 가옥들 사진을 보면서 한국이 북한에 뒤졌다는 생각에 마음이 아프고도 답답했다.

그러나 김일성보다는 이승만을, 인민공화국보다는 대한민국을, 인민공화국 깃발보다는 태극기를, 일사불란한 공산주의 1인 독재 체제보다는 엉성한 자유민주주의 체제를, 평양보다는 서울을 선호하는 나의 마음에는 추호의 변화도 없었고, 내가 북한에 태어나서 북한에 살지 않고 남한에 태어나서 남한에 살게 되었던 것을 축복으로 확신했다. 가난한 나라의 가난한 집안에 태어났던 내가 한반도라는 공간적으로나 문화적으로 좁은 세계를 넘어 공간적으로 크고 문화적으로는 세계 첨단이라는 프랑스에 와서 정말 자유롭게 지적 시야를 넓힐 수 있었던 것은 내가 북한이 아니라 남한에서 태어났기 때문이 아니었겠는가. 만일 내가 북한에 태어났더라면, 운이 좋아 동독이나 모스크바에 유학을 왔더라도 항상 감시를 받고 지령에 따라 김일성 배지를 달고 살아야 하지 않았겠는가? 상상만 해도 아찔했다.

1년간의 파리 유학은 나 개인과 내 모국을 타자에 비추어볼 수 있게 했고, 더욱 큰 맥락에서 객관적으로 인식하고 반성하며 새로운 미래를 계획해보는 기회였다. 나는 한국의 한 대학 전임 강사였지만, 나의 지적 수준은 소르본느대의 교수들에 비해 경제적으로나 문화적으로 너무나 빈곤하고, 사회적으로는 부끄러울 정도로 거칠고 억압적임을 새삼 확인할 수 있었다. 이런 과정에서 나는 파리에서 즐거움보다 자신의 운명에 대한 분노가 섞인 많은 아픔을 경험했고, 이런 경험은 나로 하여금 한국에 돌아가서 내가 앞으로 무엇을 할 것인가를 숙고하게 하는 계기가 되었다. 나도 조국을 위해서 무엇인가를 해야겠다는 생각을 혼자 심각하게 하기 시작했다.

다음해 내가 프랑스의 마르세이유와 일본 요코하마를 한 달 걸려 왕래하는 여객선 '캄보디아'에 몸을 싣고 귀국하던 도중 싱가포르를 지났을 무렵 어느 날 저녁 끝없는 망망대해의 수평선에 희망이 별로 없어보였던 한국의 고통스러운 모습이 내 머릿속에 떠올랐다. 바로 이때, 나는 서울에 돌아가는 길로 프랑스어 대학 강사직을 걷어치우고, 자유주의자도 아니고 공산주의자도 아닌 '진보주의자'로 알려진 정치가 조봉암을 찾아가서 그를 따라 사회 개혁에 몸을 던져보겠다는 생각에 이를 악물었다. 막연하게나마 그의 정치적 노선이 한국의 장래를 위한 유일한 길인 것 같고, 그만이 믿을 수 있는 정치가라고 생각되었기 때문이다. 그러나 며칠 후 서울에 돌아온 그때는 물론 1990년대 민주화가 성공하기까지 나는 나의 그때의 생각을 아무에게도 말하지 않은 중요한 나의 비밀로서 지켜왔다. 왜냐하면 당시 '진보적' 이념은 한국에서 정치적 범죄에 속했기 때문이다. 그러나 당시의 나의 극히 비밀스러운 혼자만의 결심은 영원히 그냥 과거에 있었던 하나의 결심으로만 남고 말았다. 왜냐하면 이제는 비극적 한국 현대사의 한 에피소드로 남은 공공연한 사건이지만, 내가 서울에 귀국했던 1958년

9월 조봉암은 국가 전복을 음모한 범죄자로 구속돼 있었고 그 후 곧 사형 선고를 받고 이슬로 사라져야 했던 비운의 정치가였기 때문이다.

조봉암의 사형은 용서할 수 없는 대한민국의 국가 권력이 저지른 범죄임은 그때나 지금이나 자명하다. 대한민국에서 여러 정권들에 의해서 이와 유사한 국가적 범죄 행위가 6·25 전, 6·25 중, 그 이후 수없이 있었다는 것은 부정할 수 없는 사실이다. 6·25전쟁 중의 '거창 사건', 부산에서의 '사사오입(四捨五入)' 정치 파동, '4·19 학생 항쟁'을 촉발한 '부정 선거', 박정희의 '5·16 쿠데타', 박정희에서 전두환으로 이어지는 군사 독재 동안의 권력층에 만연되었던 부패, 이념적 및 물리적 갖가지 억압, 무고한 투옥, 지독한 고문 및 부당한 사형 집행 등이 그 가운데의 두드러진 몇 가지 사례다.

그럼에도 불구하고 나는 이와 같은 부끄러운 역사를 살아온 대한민국이 인민공화국보다는 나은 편이라고 믿으며, 이승만과 박정희, 전두환, 노태우, 김영삼, 김대중, 노무현 대통령이 위대한 김일성 수령님, 사랑하는 김정일 영도자보다 낫다고 생각한다. 어떤 개인이나 집단이 주체적으로 자유롭게 생각하고 행동할 수 없는 '주체 사상'의 인민공화국보다는 반정부 음모죄로 투옥되고 고문했던 군사 정권 아래의 대한민국이, 박헌영 같은 대표적 남로당 당수나 수많은 좌익 문인들을 미제 스파이라는 덫을 씌워 가볍

게 숙청해버리곤 했던 김일성의 인민공화국보다는 박정희
군사 정권 아래의 남한이 나은 편이었다고 확신한다. 사사
로운 술자리에서 친구들끼리 대통령을 비하하는 농담은
물론 대놓고 욕을 할 수 있었고, 때로는 거리에 뛰어나가서
극렬한 데모를 할 수 있었던 군사 독재 국가였던 대한민국
에 몸을 담을 수 있었던 것이 다행이라고 나는 생각한다.
그리고 60년의 긴 고난의 서로 다른 역사의 길을 걸어온
한반도 안의 두 상반되는 체제가 이룩한 결과로서의 바로
오늘의 삶의 두 현실을 비교해서 조망해볼 때도, 나는 '주
체 사상'을 최고의 가치라고 주장하면서도 대부분의 인민
들이 기아에 가까운 배고픔에 허덕이고, 전 세계에 손을 벌
리고 원조를 요청하며, 한 도시에서 다른 도시로, 한 마을에
서 다른 마을로 이동할 수 있는 자유조차 박탈당하고 있는
철통같은 통제 아래의 인민공화국보다는, 도덕적이고 사회
적으로 허다한 문제를 안고 있음에도, 물질적으로 풍요하고,
정치적으로 민주화되고, 이념적이나 문화적으로 자유를 누
리고, 어려운 북한 동포를 물질적으로 도와줄 수 있는 엉성
한 대한민국에 적을 두고 살게 된 것을 상대적으로나마 행운
이라고 확신한다. 수령님의 수많은 거대한 조각들 앞에 절을
하고 신격화하지 않고도 살 수 있는 나라가 더 인간적인,
따라서 '더 진보된' 인간 사회라고 확신한다.

　사회는 관념이 아니라 구체적인 현실이며, 삶은 남이 정
한 길을 따라가는 것이 아니라 끝없는 실존적 선택의 과정

이다. 현재 한국의 가장 중요한 문제는 이념적 선택이다. 그러나 일반적으로 생각하고 있는 바와는 달리 그것은 자유민주주의와 공산주의와 같은 추상적 두 관념 간의 선택이 아니라 한국의 구체적인 정치 사회 체제와 똑같이 구체적인 인민공화국의 정치 사회 체제 중 하나를 선택하는 문제다. 북한의 '주체 사상' 체제는 공산주의도 사회주의도 아니기 때문이다. 공산주의가 현실적으로 실천 불가능함이 비극적 역사의 경험으로 백일하에 드러났지만, 만약 그런 이념이 순수한 이론대로 실천 가능하다면, 아무도 그것을 마다할 이는 없을 것이다. 그러나 이론과 실천은 전혀 다른 문제다. 이념적 문제는 궁극적으로 관념적이 아닌 실천적 차원에서만 비로소 그 의미가 검증될 수 있다.

2006년 2월 현 시점에서 우리에게 남은 유일한 선택은 한국의 자유민주주의 체제와 북한의 주체 사상 체제 간의 선택일 뿐이다. 적어도 나의 개인적 입장에서 볼 때, 공산주의나 사회주의는 수용할 수 있지만 '주체 사상'은 결코 안 된다.

독자 여러분, 당신들은 이 마당, 바로 오늘의 현시점에서 북한과 남한 그 어느 쪽에서 살고 싶은가? 가슴에 손을 얹고 함께 생각해보라.

[계간 『철학과 현실』(2006년 봄호)]

개혁이냐 자폭이냐

노무현 정권이 들어선 이후의 어떤 정책과 그 정권의 주위에서 일어나는 바람의 방향, 파도의 양상 그리고 그것들이 조성하는 어떤 흐름을 보면서 내 머릿속에 가장 먼저 떠오르는 낱말은 '우로보로스(Ouroboros)'라는 동물의 이름이고, 가장 선명하게 생각되는 모습은 그 동물의 웃지 못할 기이한 행동이다.

우로보로스는 그리스 신화에 나오는 뱀의 이름이고, 사전을 들여다보면 그 단어의 어원적 의미는 '제 꼬리 뜯어먹기', 더 풀이해서 '제 꼬리를 먹고 사는 뱀'을 뜻한다고 한다. 고대 그리스인들은 그들이 '철학'을 발명했던 것으로도 알 수 있듯이 놀랍게 합리적인 민족이었지만, 그에 못지않게 경탄을 금하지 않을 수 없는 상상력으로 수많은 알레고리, 우화를 발명하여, 그 속에서 복잡하고 미묘한 여러 가지 인간의 모습이나 상황을 포착하여 은유적으로 압축해서 선명하게 표현할 수 있었던 뛰어난 시인들이기도 했다. '우로보로스'라는 신화적, 즉 상상적 동물도 고대 그리스인들의 뛰어난 시적 상상물의 한 예다.

자신의 꼬리를 뜯어먹는 행위가 도대체 어떤 행위며, 그러한 행위를 하는 뱀은 어떤 동물인가? 자신의 꼬리를 뜯어먹는 뱀의 행위는 자기 부정적, 자기 모순적, 궁극적으로는 자기 파괴적, 자기 스스로의 무덤을 파는 행위다. 그것이 아무리 살기 위한 행위인 경우에도 마찬가지다. 우로보로스의 행위는 결국 자기의 죽음을 재촉하는 결과를 낳기 때문이다. 그렇다면 우로보로스가 뱀의 범주에 속하고, 뱀이 가장 현명한 동물이라고 자신이 스스로 믿고 있고, 남들이 그런 믿음을 따라간다 해도, 우로보로스는 역시 현명하기는커녕 어리석은 동물이다.

만약 노무현 정권, 그리고 더 확장해서 노무현 정권 이후의 한국의 정치 상황이 우로보로스라는 뱀을 연상시키고, 그 동물과 비교할 수 있다면, 그것은 어떤 중요한, 아니 가장 근본적 차원에서 노 정권의 정책, 더 정확히 말해서 개혁 정책이 자기 부정적, 자기 파괴적, 즉 모순적으로 보임을 의미하고, 따라서 심각한 우려의 대상이 됨을 말한다. 그 근거는 어디에 있을까?

노무현 정권은 개혁을 목표로 출범했고, 지난 3년간 각 분야에서 대대적으로 대담하게 박력을 갖고 밀어붙이며 추진해왔다. 그 결과 한국은 이미 여러 차원에서 여러 모로 엄청나게 변화했다. 그에 불가피하게 동반하는 혼란, 갈등, 진통에도 불구하고 개혁 정책은 옳았을 뿐만 아니라 반드시 필요했다. 어느 사회에서나 크고 작은 개혁과 변화는 항상 필수적인 조건이지만, 발전하기 위해서만 아니라 생존하기 위해서라도 대한민국은 뜯어고쳐야 할 사항들이 너무나 산적해 있었기 때문이다.

　개혁은 변화를 함축하지만 모든 변화가 반드시 바람직한 것은 아니다. 개혁의 동기가 선의일 수 있지만 악의인 경우도 있고, 그 동기가 악의인 경우는 말할 것도 없거니와 그것이 선의의 경우일지라도 바람직하지 않은 수가 얼마든지 있다. 그것이 실현코자 하는 가치와 그 실현 여건에 대한 무지나 인식 착오 혹은 그러한 실현 과정과 결과에 따라 발전적, 즉 진보적 일수도 있지만 퇴보적, 즉 파괴적일 수도 있기 때문이다. 기존의 질서를 무조건 뒤집고, 부수고, 버리고, 다른 것으로 바꾸어놓는 것만이 능사가 아니며, 그것이 꼭 '진보적'인 것도 아니다.

　노무현 정권이 추진해왔고, 현재 추진하고 있는 많은 개혁 정책과 그것이 가져온 성과를 개별적으로 어떤 것에 대해서는 동조하고, 환영하고, 격려하면서도, 그와 동시에 반성하고 재검토하여 새롭게 정리할 필요가 있어보인다.

큰 틀에서 볼 때, 과연 노 정권의 모든 개혁 정책이 다 같이 바람직한, 아니 옳은 방향으로 가고 있는가라는 의구심과 아울러 그 정책이 크나큰 위기, 아니 결정적인 해체를 몰고 오는 것이 아닌가라는 불안을 떨칠 수 없다.

무엇이 문제인가? 문제의 핵심은 '진보'라는 낱말의 개념적 혼동, 더 나아가서는 '낱말'과 그 개념적 관계에 대한 무지에 있다. 노 정권의 개혁 정책의 키워드는 '진보'다. '진보'가 곧 '선함'을 뜻하는 것이라면, '진보'라는 말을 키워드로 잡고 있는 그 자체만으로도 노 정권의 개혁 정책은 도덕적 정당성을 갖추고 있으며, 그의 '진보적' 정책은 무조건 옳다고 봐야 한다.

'진보'라는 개념을 이같이 해석할 때, 이념적 담론에서 '진보주의' 및 그것의 동의어로 사용된 '좌파'는 필연적으로 '선'하고 '옳고' 발전적인 이념이며, 반대로 '보수주의' 및 그것의 동의어로 통용되는 '우파'는 필연적으로 '악'하고 '틀리고' 후퇴적 이념이라는 생각이 지식인들 가운데서도 널리 퍼져 있었다. 그러나 이런 생각은 객관적 진리가 아니라 낱말과 그 개념의 논리적 관계에 대한 무지와 착각에서 생긴 지적 혼동의 산물이다. 이런 과오의 원인은 '진보'라는 개념이 원래 평가적, 즉 주관적 가치관이 배어 있는 개념인데도 불구하고 서술적, 즉 객관적 사실을 기록하는 개념으로 특정한 집단의 주관적 취향에 의해서 정치적으로 오용, 아니 도용되어 왜곡되기 시작했기 때문이다.

진보가 자동적으로 '진보적', 즉 발전적인 것이 아니며, 보수가 자동적으로 '후퇴적', 즉 뒤떨어진 적이 아니다. 그렇다면 좌파가 곧 선하거나 옳은 것이 아니며, 우파가 곧 악하거나 틀린 것이 아니다. 이와 같은 경우도 있을 수 있지만, 그와는 정반대의 경우도 있다. 우파의 입장에서 볼 때 좌파야말로 파괴적이고 후퇴적이며, 우파야말로 건설적, 따라서 진보적이라고 주장할 수 있다. 사족을 달자면, 이러한 개념적 혼란, 그러한 혼란이 가져오는 정치적, 사회적, 사상적 문제를 해체하기 위해서 우선적으로 필요한 것은 지금부터라도 정치적 이념의 차이를 '보수와 진보'라는 대립 구도에서 벗어나 그냥 '우파와 좌파'라는 구도로서만 기술해야 마땅하다. '진보'라는 개념이 학문적 차원에서의 이념적 담론에서 완전히 제거되어야 한다는 것이다. 그렇지 않고 '진보'라는 말을 관행에 따라 사용하기를 고집한다면, 모든 이념적 담론은 '진보'라는 낱말의 분명한 개념 규정이 선행되어야 한다.

'진보'라는 개념은 평가적인 개념이며, 그것의 가장 일반적 그리고 근본적인 의미는 '좀더 바람직한 것', '기존의 것보다 더 나은 것', 더 정확히 말해서 '기존의 것에 비해서 상대적으로 좀더 나은, 좀더 좋은 것', 더 압축해서 '좀더 인간다운 것'으로 정의할 수 있다. 그리고 모든 이념의 가치와 모든 개혁의 정당성의 궁극적 평가의 잣대는 바로 이와 같은 뜻으로서의 '진보'의 개념이어야 할 것이다. '진보'의 의미를 이런 뜻으로 규정할 때, 모든 이른바 '진보'가 모두 저절로 진보일 수 없는 것처럼, 진보의 이름으로 이루어지는 모든 개혁이 다 같이 진보적, 즉 '바람직한 것'일 수 없을 뿐 아니라 오히려 피해야 할 '악'일 수도 있다. 비록 그러한 개혁의 주관적 동기와 목적이 '좀더 인간적인' 사회였을 경우에도 사정은 달라지지 않는다. '인간적인 사회'를 구축하는 방법이 객관 현실에 대한 무지나 착각에 바탕을 둔 것일 수도 있고, 더 나아가 '인간적인 사회'에 대한 구체적인 비전, 즉 세계관 자체에 오류일 수도 있기 때문이다.

어느 국가, 어느 사회든 언제나 나름대로 개혁할 문제가 있고, 그 문제는 내부적인 것과 외부적인 것 양면을 갖는다. 내부적으로는 사회적 치안과 질서, 정치적 안전, 경제적 발전, 교육의 향상, 문화적 함양, 도덕적 정화 등의 문제와 관련된 개선과 개혁을 꾸준히 해야 하고, 외부적으로는 인접 국가들과는 물론 모든 주권 국가들과의 평화적 우의 또는 군사적 상호 방어 같은 문제를 조절하고, 긴밀히 하며, 견고히 해야 한다. 그러자면 여러 가지 끊임없는 개선과 개혁을 필요로 한다. 내부적 문제와 외부적 문제는 서로 뗄 수 없이 유기적 관계를 갖고 있지만, 우선적이고 결정적인 문제는 전자의 문제다. 따라서 한 정권의 핵심적인 문제가 내부적인 것이고, 따라서 국가 안에서의 한 정권의 특징이 그 정권의 개선과 개혁의 특정한 대상과 특정한 방법에서 드러날 수 있다. 노무현 참여 정부의 경우도 사정은 다를 바 없다. 노 정권이 이루고자 하는 개혁의 초점은 한국 안의 바람직하지 않은 문제들을 개선하거나 아니면 뒤집어 다른 것으로 대체하는 데 있다.

한국의 국내적 문제들은 구체적으로 무엇이며, 개선 혹은 개혁되어야 할 대상들에는 어떤 것들이 있는가? 노무현 참여 정권이 개선, 개혁해왔고 앞으로도 지속적으로 개선, 개혁하려고 하는 사항들에는 어떤 것들이 있는가? 수만 가지가 있다.

관계, 정계, 경제계는 물론 체육계, 문화계, 교육계 등에 이르기까지 사회 전반에 걸쳐 아직까지 척결되지 않은 고질적 부패, 노사 간의 관습적인 격렬한 분쟁과 폭력적 데모, 작고 큰 범죄 행위의 증가 수치로 나타난 도덕적 해이, 바뀌지 않은 국가 권력의 권위주의 등은 아직도 현 정부가 손을 못 대고 있는 개선되어야 할 대상들이다. 실업 문제, 세대 간 갈등, 빈부 격차와 그로 인한 사회 계층 간의 위화감과 갈등 등의 형태로 나타나는 '평등'과 '평준', '복지'와 '사회안정망 구축' 같은 것들은 반드시 개선과 개혁을 해야 하는 문제들이다. 그러한 문제들에 각별한 관심을 갖고 그동안 많은 성과를 이룬 현 정부에 박수를 보내야 한다. 건강한 경제적 틀을 잡고, 치열한 국제적 경쟁 속에서 살아남기 위해서, 또 효율적인 행정을 위해서는 모든 조직체의 각계 각층에서 다양하고 대담한 구조 조정을 통한 개선과 개혁이 필요하고, 국가의 백년대계를 결정하게 될 교육을 위해서는 시대에 맞는 교육 제도, 교육 프로그램의 재검토와 재정리가 시급하다. 이러한 요청에 부합하기 위해서 현 정부가 그동안 보여준 다양한 시도와 노력은 대체로 옳다. 이런 점에서 모든 국민은 현 정부의 이런 개선과 개혁 정책에 적극적으로 동참 및 협조할 의무가 있다.

각 분야에 문어발을 걸치고 있는 몇몇 대기업들이 국가를 거의 좌지우지할 만큼 독점적인 구조를 갖고 있는 현재의 한국 경제 구조는 이유가 무엇이든지 상관없이 큰 문제가 된다. 그것은 어떤 방법으로라도 개선되어야 한다. 현 정부가 최근에 취한 어떤 대기업과 관련된 법적 문제를 처리하는 과정에서 볼 수 있듯이 어떤 모습은 정경 유착의 뿌리가 아직도 뽑히지 않고 있다는 추측을 하게 한다. 현 정부가 '반기업적'이라고 권력의 투명성을 강조하고 있다는 사실에 비추어볼 때, 정부가 보인 태도는 더욱 납득하기 어렵다. 이런 점에서 정부는 먼저 자신부터 단호한 개혁을 해야 한다. 입법, 행정, 사법이라는 삼권 분리는 참다운 민주 정부의 가장 기본적인 초석이다. 과거의 여러 정권들 중의 하나도 이 원칙을 명확히 지킨 적이 없다. 스스로 다르다고 자처하고 꼭 달라야 하는데도, 그동안 이 정권에 대한 최근의 몇몇 사건에 관련된 처사를 보면, 이 정권에서 사법부가 행정부로부터 정말 독립하고 있는지에 대한 의구심이 생긴다. 입법부는 몰라도 적어도 사법부가 행정부의 시녀로 남아 있다는 생각을 불식시킬 수 없다.

민주 사회에서 빼놓을 수 없는 또 하나의 조건은 언론 자유다. 과거 권위주의적 정권에서 언론은 자유롭지 않았다. 언론 압력과 탄압 속에서 때로는 정부의 일방적인 입장을 대변하는 역할을 담당하는 것으로 만족해야 했다. 참다운 민주 정권으로서의 참여 정부는 무엇보다도 이 같은 과거의 언론 정책을 개선하고 개혁해야 했을 것이다. 그럼에도 불구하고 현 정권은 처음부터 지금까지 줄곧 비판적이라는 이유로 특정 언론을 간접적으로 직선적으로 압박하고 탄압하는 모습을 노출시켜 왔다. 이러한 정부의 태도는 개혁적, 민주적이라기보다는 반개혁적, 권위적이다. 위와 같은 사실에 비추어볼 때 지금까지 정부가 보여준 태도와 입장들은 진정한 의미에서 개선도 아니며 개혁도 아니다.

또 환경 문제가 있다. 산업화를 국가의 최대 목표로 확정한 역대 군사 독재 정권들이 개발에만 열을 올려 환경 문제를 소홀이 했던 것은 사실이다. 그러나 그러한 정권 아래에서도 서울 주변의 많은 땅이 그린벨트로 묶여 문민 정부까지 비교적 잘 보존되었다. 그러나 김대중의 국민의 정부와 노무현의 참여 정부가 차례로 들어서면서부터 그것의 많은 부분이 법적 규제로부터 풀려서 각처에서 개발이 추진되고 있다. 그 중 여러 곳은 이미 골프장으로 변신했다.

통제되었던 골프장의 수가 최근 갑자기 늘어났다. 노무현 정권의 환경 정책은 그 이전의 군사 정권보다는 물론 바로 직전의 두 정권들보다도 훨씬 더 반환경적이어서 환경 정책의 개혁의 필요성이 절실하다.

개혁과 관련된 노 정권의 이와 같은 몇 가지 문제점들을 지적하면서도 나는 현 정권의 개혁 정책 자체에 대해서는 적극적으로 동조하고, 그러한 결과들에 대해서도 대체로 찬사를 보낸다. 지난 약 반세기 동안 한국은 많은 비극과 난관을 극복하고 세계가 놀랄 만큼 발전을 성취해서 오늘날 세계에서 아주 당당한 국가들 가운데 하나로 성장한 것만은 아무도 부정할 수 없다. 하지만 명실공히 선진 국가, 선진 사회의 일원이 되기 위해서는 한국은 대담하고 획기적인 개혁을 필요로 하는 사항과 문제들을 안고 있다. 우리가 이룩하려는 이상적 국가 비전에 비추어볼 때, 지금까지 해냈고 추진중인 것보다 더 많은 그리고 더 근본적인 개선과 개혁이 필요하다고 확신한다.

한 국가 안에서의 개혁은 그 국가의 건국 이념의 테두리 안에서만 의미가 있고 가능하다. 만약 우리가 해야 할 개혁이 우리의 건국 이념인 자유민주주의라는 이념을 부정하고 그와 근본적으로 대립되는 공산주의, 더 정확히 말해서 '주체 사상'이라는 이념으로의, 더 구체적으로 말해서 대한민국의 정치 사회 체제의 전복을 개혁으로 생각한다면, 문제는 심각하다. 그러한 개혁은 개혁이 아니라 혁명이며, 그러한 한 국가, 한 사회의 혁명은 그 국가, 그 사회의 개선이나 개혁이 아니라 다른 국가, 다른 사회에 의한 그 국가, 그 사회의 대치를 의미하고, 이러한 대치는 한 국가와 사회의 정체성 흔들기, 해체, 자기 부정, 궁극적으로는 죽음을 위한 작업을 함축하기 때문이다. 대한민국 정권, 대한민국의 국민 스스로에 의한 이런 개혁, 즉 혁명을 하고자 한다면, 이때 대한민국, 대한민국의 국민은 자기 스스로의 꼬리를 뜯어먹고 그 결과로 스스로의 죽음을 재촉하는 뱀 우로보로스의 행동과 전혀 다를 바가 없다.

그럼에도 불구하고 노무현 정권 이후 두드러지게 눈에 띄는 몇 가지 개혁 프로그램에서 나는 현재 대한민국, 대한민국의 국민들이 우로보로스로 변신하고 싶어하는, 아니 이미 변신하고 있는 구체적인 징조를 느낄 수 있다. 만일 이런 논리에 근거가 있다면, 노무현 정권의 어떤 개혁은 대한민국의 개혁 활동이 아니라 대한민국의 정체성 흔들기며 자폭 행위로 비쳐질 수 있다. 우리가 정말 원하는 것이 과연 개혁이냐 아니면 자폭이냐?

이 물음과 관련하여 여러 가지 사태와 사건들이 머릿속에 떠오른다. 그것들을 그 성격의 차이에 따라 대략 다음의 네 가지 종류로 묶어볼 수 있다. 첫째, 노무현 정권 수립 이후 강력하게 추진되어온 '과거사 바로잡기', '친일파 청산하기' 등으로 구체화된 일련의 '역사 바로잡기' 프로젝트, 둘째, 노 정권의 대북 정책이 무지에 의한 것이든 아니면 의도적인 것이든 둘 중의 하나에 속하는 불투명성, 셋째, '전교조'가 초중고등 교육계에 미치는 막강한 이념적 영향력, 넷째로 잠깐 동안 물의를 일으킨 송두율 교수의 귀국,

강정구 교수의 몇 가지 행동, 맥아더 장군 동상 철거를 시도한 사건, 비전향 장기수와 목숨을 바쳐 대한민국을 전복하려던 빨치산의 묘소를 성역화하려던 움직임 등을 그 예로 들 수 있다.

언뜻 보기에 이와 같은 모든 사례들을 한결같이 개혁을 위한 기획의 다른 예들로 볼 수 있다. 그러나 그 속을 깊숙이 들여다볼 때 그 개혁적 프로젝트는 실제로 개혁적이 아니라 혁명적 프로젝트로 보인다. 개혁이라는 이름으로 추진되거나 나타나거나 일어났거나 주장되고 있는 위의 모든 작업, 정책, 영향력 행사, 사건들이 의도하는 것은 더 나은 대한민국을 만들기 위한 대한민국 내의 여러 구체적인 문제를 개혁이 아니라 지금까지 대한민국 국민이 자명한 것으로 믿어왔던 대한민국의 정체성의 재검토, 도전 및 부정, 한 걸음 더 나가서 새로운 정체성으로 견고해진 새로운 국가의 건설이라는 혁명적 프로젝트의 일환으로 볼 수밖에 없다.

개인이나 국가에서 생존과 번영의 내부적 및 외부적 조건으로 부단한 평화가 삶의 객관적 현실인 만큼, 자신의 정체성에 대한 끊임없는 반성, 재확인, 수정, 재정립, 즉 꾸준한 개혁은 번영은 물론 생존 자체를 위해서도 필수적이다. 한국인 그리고 대한민국의 경우도 마찬가지다. 한국의 과거사 정리는, 늦은 편이지만 마땅히 거쳐야 할 개혁 작업이다. 사실 우리는 과거에, 다시는 되풀이해서는 안 될 많은 과오를 저질렀다. 노 정권의 불투명한 이북 정책이 대한민국을 더 나은 길로 유도하기 위한 전략이라면, 그것도 하나의 개혁적 정략이라고 볼 수 있다. 우리 청소년 교육은 그 내용에서나 방법에서나 그리고 행정적 운영에서나 개혁해야 할 것이 허다하다. 전교조의 교육 개혁의 진정한 목적이 진정코 우리 청소년을 더 나은 길로 유도하는 것이라면 그 조직의 활동과 영향에 적극적인 성원을 보낸다. 송두율 교수의 임시 귀국, 강정구 교수의 김일성 숭배, 맥아더 장군의 동상 철거를 장래를 위한 대한민국 국민의 애국심의 표현으로 볼 수 있다면 그 자체로서는 좋다. 애국자가 많을수록 그만큼 한국의 장래는 든든할 것이기 때문이다.

그러나 위의 네 가지 범주로 묶어본 사례들이 결과적으로 *대한민국의 개혁과 발전이 아니라 정체성의 부정과 그 존재 자체의 해체를 함축하는 것이라면 문제는 실로 심각하다. '대한민국을 위한 개혁'이라는 현수막 뒤에 표출되는 이와 같은 활동, 태도, 주장, 사건들은 대한민국의 개혁이 아니라 '대한민국의 자폭'을 의미하는 것일 수 있기 때문이다. 그것을 개혁이라고 아무리 주장해도 실질적으로는 마*찬가지다.

만에 하나라도 이러한 유추와 진단이 옳다면 대한민국

이나 대한민국의 국민에게는 그러한 결과보다 더 심각한 사태를 상상도 할 수 없다. 설사 그러한 자폭 행위의 원천이 의식이 아니라 무의식에 있었다 해도, 또 그러한 행위의 원인이 현실에 대한 명석한 인식이 아니라 무지에 있다고 해도 결론은 마찬가지다. 대한민국과 대한민국 국민의 미래는 물론 생사 자체가 바로 그 결과에 달려 있기 때문이다. 정권과 어떤 일부 층은 현재 한국에서 추진되고 개혁 정책에 대한 나의 시각과 진단과 추측이 왜곡됐다고 주장할 수 있다. 제발 그렇기를 바란다. 그러나 만의 하나, 한국의 정치적, 이념적 사태에 대한 나의 관점에 조금이라도 근거가 있다면, 개혁의 주체자들은 그들이 추진하는 개혁이 구체적으로 무엇을 지향하고, 무엇을 어떻게 하겠다는 것인가라는 물음에 명석한 대답을 할 의무가 있다. 도대체 그러한 '개혁'들이 궁극적으로 이루고자 하는 것과 우리가 진정으로 바라는 국가와 사회는 어떤 모습이어야 하는가? 현재 분단된 그리고 극명하게 상반되는 이념과 체제를 갖고 있는 대한민국과 인민공화국이 현존하는 한반도의 엄연한 현실에서, 대한민국의 정체성의 부정이 인민공화국의 정체성의 인정을, 대한민국의 폐기가 인민공화국의 국체를 인정하는 것임을 논리적으로 함축한다면, 이와 같은 결과는 도대체 무엇을 의미할 수 있겠는가는 불을 보듯 뻔하다.

대한민국은 건국 과정에서, 6·25라는 민족적 비극을 겪고 살아가면서, 군사 독재 아래에서 거칠고 고통스러운 산업화의 기초를 닦으면서, 민주화를 위한 투쟁을 하면서, 모든 영역 모든 계층 모든 관점에서 허다한 문제가 있었다. 그래도 이런 문제를 풀기 위한 나름대로의 개혁을 지속하면서 한국은 세계에서 떳떳한 국가로 성장해왔다. 문민, 국민, 참여 정부로 이어진 오늘날 현재에도 치워야 할 쓰레기들이 산적해 있다. 그러자면 대한민국은 수많은 개혁이 과감하게 단행되어야 한다. 이런 측면에서 나는 참여 정부 그리고 의식 있는 많은 시민운동가들이 추진하고 있는 모든 개혁 의지에 공감하고, 그러한 프로젝트에 적극적으로 참여하고 싶다.

하지만 만약 어떤 개혁프로젝트가 더 자랑스러운 대한민국, 더 인간다운 대한민국의 건설에 있지 않고, 그 체제의 해체와 그것의 인민공화국 체제로의 전환을 의미한다면, 나의 생각은 전혀 달라진다. 통일 한반도는 한민족의 민족적 꿈이며, 그것은 가능한 한 빠른 시기에 달성되어야 한다. 그러나 무조건의 빠른 통일은 있을 수 없고, 시도되어서는 안 되며, 현실적으로도 불가능하다. 무조건 통일은 인도네시아 휴양 도시를 한순간에 삼킨 쓰나미가 될 수도 있고, 미국의 뉴올리언스를 단번에 쑥대밭으로 만든 허리케인이 될 수 있으며, 파키스탄의 마을들을 눈 깜짝할 새 뿌리 채 뒤집어놓은 대지진이 될 것이기 때문이다. 대한민국에 이러한 끔찍한 정치, 사회적 재앙이 닥쳐와서는 안 된다. 우리는 자신의 꼬리를 먹고 좋아하다가 죽는 뱀, 우로보로스의 우를 범하지 않도록 해야 한다.

　인간다운 삶의 최소한의 조건으로서의 자유는 모든 인간에게 보편적 가치며, 그것은 통일의 가치에 선행한다. 통일은 '자유'의 가치를 전제함으로써 천천히 그리고 조심스럽게 추진되어야 하고, 우리는 시간이 걸리더라도 참고 기다리는 인내심을 가져야 한다. 우리의 개혁은 이런 점을 분명히 의식해야 한다. 이런 점에서 현재 정부가 추진하고 있는 개혁 프로젝트는 재고되어야 하고, 또한 바로 이런 점에서 정부를 비롯한 모든 개혁 주체들은 국민 모두에게 개혁의 궁극적 의도와 목적을 분명히 밝힐 의무가 있다. 그 점에서 많은 국민들은 아직도 숨이 막힐 만큼 가슴이 답답하고 진땀이 나는 불안함을 느낀다.

[계간 『철학과 현실』(2006년 여름호)]

통일에의 길

　분단은 한국인에게 치유할 수 없는 저주며, 통일은 한국민의 간절한 염원이다. 통일은 가까운 언젠가는 실현되어야 한다. 통일은 감상적인 이유에서만이 아니라 생존과 번영이라는 현실적인 이유에서도 그렇다.

　35년 동안의 일제 치하 질곡으로부터 해방된 날인 동시에 신라에 의해 통일된 이래 1500년 동안 한 번도 분단된 적이 없었던 한반도가 남북으로 나눠진 1945년 8월 15일은 한국민에게 축제의 날인 동시에 통곡의 날이기도 했다는 것은 한국민에게는 운명의 비극적 아이러니가 아닐 수 없다. 6·25전쟁이라는 동족상잔의 처참한 비극에서 시작하여 60년이 지난 오늘까지도 계속되는 남북한의 갈등 속에서 양쪽 국민이 각각 나름대로 겪어야 하는 많은 갈등, 긴장, 혼돈, 공포의 뿌리가 남북 분단에 있다는 것을 의식할 때, 이런 사태를 몰고 온 책임자를 색출해서 원망하고 저주하고 싶다.

그 책임의 소재는 누구한테 있는가? 수많은 사람들의 이름을 댈 수 있을 것이다. 일본과의 불가침 조약을 깨고 종전 일주일 전에 영·미·일 3국 간의 전쟁에 끼어들어 만주에 진입, 한반도 북부의 점령권을 갖게 된 소련의 군사참모자와 소련의 군사력을 과대평가한 미국 전략가들의 무지를 댈 수도 있다. 제2차 세계대전 후의 처리 문제를 협상하기 위해서 모인 자리에서 한반도를 38선을 따라 남북으로 분단하여 미국과 소련이 각각 점령하기로 결정한 미국, 영국, 소련의 연합국 영수들을 원망할 수도 있다. 종전 후 남북에서 각각 대한민국과 인민공화국을 따로 세운 이승만과 김일성의 이름을 댈 수 있고, 더 가까이는 건국한 지 1년 후 6·25전쟁을 일으켜 한반도를 모든 면에서 초토화시킨 김일성은 물론 해방 이후 남북에 두 정부가 세워지기 전까지의 한국의 지도적 정치인들을 뭉쳐서 댈 수 있다. 그러나 그 궁극적 책임은 당시의 모든 한국민들이었다고 나는 생각한다. 왜냐하면 당시 한국민들이 현명했더라면 그러한 특정한 정치인이나 이념가들이 분단 국가를 세우는 것을 막고 협상을 통해 화합하여 단 하나의 통일 국가를 세울 수 있었을 것이다. 그러므로 남을 탓하기 전에 우리 자신의 잘못을 인정하고 함께 그 책임을 져야 한다.

분단의 원인과 책임의 소재를 밝히는 것은 역사적 진실을 위해서 그리고 앞으로의 역사적 교훈을 위해서 중요하다. 하지만 오늘날 한국인에게 분단 문제는 과거의 회고적 문제가 아니라 앞으로의 전망과 기획의 문제로서, 어떻게 하면 분단된 한반도에도 다시금 통일을 이룰 수 있느냐에 있다. 통일의 문제는 과거의 문제가 아니라 미래의 문제며, 무엇이냐가 아니라 어떻게 하느냐의 사항이며, 지적 호기심만의 문제가 아니라 갈등과 고통, 생존과 죽음이 걸려 있는 현실적 문제다. 얼마 전 한동안 우리를 떠들썩하게 했던 중국의 '고구려사 거론, 북방 공정(北方 工程)', 최근 눈에 띄는 중국과 북한의 정치 경제적 밀착, 6·25전쟁 당시의 관계 그리고 한 걸음 더 나아가서 한반도 전체와의 오랜 역사적 관계 등에 비추어볼 때, 분단 상태가 오래 고착되는 경우 북한이 그리고 더 먼 장래에는 남한마저 중국과의 관계에서 실질적으로 또 하나의 내몽골이나 티베트가 되지 않을까 하는 우려를 떨칠 수 없기 때문이다.

우리에게 남북한 두 정권의 통일은 남북한 국민 모두가 대처하고 이루어내야 할 절대적 과제이자 명령임은 자명하다. 하지만 문제는 남북이 벌써 60년 동안 첨예하게 대치해왔고, 김대중과 김정일의 6·15선언이 있었고, 그 후속으로 남북 간에 수많은 교류가 있었음에도 불구하고, 이념적으로나 체제적으로 갈등이 가시지 않고 있어, 오늘날 한반도의 문제가 복잡하게 얽힌 국제적 역학 관계의 현실 속에서 평화적 통일을 성취할 수 있는 구체적 방법을 강구하는 것이 관건이다. 불행하게도 이 결정적인 문제에 대해서 남북 어느 정부도 모든 국민이 공감할 수 있는 해결책의 청사진은 물론 분명한 입장조차 보이지 않고 있다는 것이 안타까울 뿐이다. 그렇다면 우리는 다 같이 그리고 새삼스럽게 가능한 통일의 형태와 방법을 함께 생각해봐야 한다. 그것은 과연 어떤 것일 수 있는가?

'흡수(吸收)', '융합(融合)' 그리고 '포용(包容)'의 세 가지 형태와 방법을 생각해볼 수 있다고 나는 생각한다.

첫째 형태와 방법을 생각해보자. 흡수 통일은 북한에 의한 남한의 적화라는 형태 아니면 남한에 의한 북한의 자유화라는 형태를 가정할 수 있을 것이다. 그러나 이러한 통일은 북한과 남한 두 국가 체제 가운데 하나의 해체, 즉 소멸을 의미하므로, 독일 통일의 경우처럼 어느 한쪽이 그러한 결과를 자진해서 선택하지 않는 한 평화적으로는 실현 불가능하다. 한반도의 경우 북한과 남한 양쪽이 각각 자신의 상반되는 건국 이념을 고집하고 고수하고 있는 상황에서 흡수 통일은, 베트남의 경우처럼 군사적인 방법이 아닌 다른 방법으로는 불가능하다.

하지만 그러한 군사적 방법은 그것이 국내적으로나 동남아에서나 세계적 차원에서 불가피하게 가져올 파동과 끔찍한 결과를 야기한다는 것을 인정할 때 한반도의 두 국가는 물론 미, 일, 중국, 러시아 등 한국을 둘러싼 강대국들 가운데 어느 나라도 원하지 않으며, 원할 수도 없으며, 원해서도 안 된다. 북한의 핵무기 보유와 사용 가능성이 동북아에서만이 아니라 세계적인 차원에서 가장 예민한 정치적 및 군사적 이슈가 되고 있는 현시점에서 더욱 그렇다. 그런 방법은 상상조차 할 수 없고 따라서 그런 방식에 의한 흡수 통일은 불가능하다.

'융합'이라는 두 번째 형태와 방법은 무엇인가? 그것은 상반되는 두 체제를 서로 절충하여 그 어느 형태와도 다른 제3의 형태를 갖춘 국가 체제의 구축을 의미하며, 그 방법은 군사적이 아니라 평화적으로 점진적인 교류와 대화를 통해 공통점을 찾고 구성함을 의미한다. 그 방법의 예로 오래 전부터 북한이 제안하고, 김대중 정권 이래 남한 정부가 약간의 수정 형태로 수용하고자 하는 '연방제'를 의미한다. 연방제의 구체적 의미는 어떤 점에서 보아도 공통점을 찾을 수 있기는커녕 서로 극명하게 상극하는 남북 두 체제를 조금씩 장기적이고 단계적으로 상호 접근, 연결, 결합을 거쳐 궁극적으로 단 하나의 국가 체제를 구축하자는 데 있다. 그런데 이 방법에 의한 통합은 궁극적으로 민족 통일이라는 가장 큰 가치를 위해서 남북한이 각기 자신들의 건국 이념인 자유민주주의와 독재적 공산주의라는 상반된 철학적 이념, 각기 민주주의와 전체주의라는 통치 이념의 자율적 포기, 따라서 각기 대한민국과 인민공화국의 자율적 해체를 전제한다. 그러나 이 방법도 다음 세 가지 이유에서 첫 번째의 통일 방법과 마찬가지로 말로만 가능하지 현실적으로는 불가능하다.

첫째 이유는 구체적인 역사적 현실이다. 남북에서 두 국가가 탄생한 당시와 남한이 산업화에 성공하여 물질적 번영의 혜택을 맛보기 시작한 1960년대 말 이전까지는 사정이 달랐지만, 그 이후부터는 대한민국 국민 가운데 아주 극히 소수를 제외한다면 어느 누구도 현재의 체제를 포기하고 이북의 현재 체제에 들어갈 마음의 준비가 되어 있지 않다고 나는 확신한다. 북한을 이념적으로 찬양하는 극소수의 주사파들 가운데도 남한을 떠나 북한에 살기를 선택한 이는 아무도 없고 앞으로도 없을 것이다. 이러한 사실은 북한의 비참한 현실이 노출되고, 남한의 경제적인 번영과 정치적 자유를 크게 향유할 수 있는 오늘날 더욱 명백해지고 있다. 장담컨대 만약 오늘날 이북의 인민들이 폐쇄된 이북의 철의 장막을 넘어 현재의 남한이나 그 외의 개방된 세계를 조금이라도 알게 되고 그래서 그들에게 선택의 자유가 주어진다면, 그들의 절대 대부분은 내일이라도 남한이나 미국, 일본은 물론 중국이나 몽골, 러시아, 더 나아가서 쿠바에라도 이민을 가고 싶어할 것이다.

둘째 이유는 더 간단하다. 하나의 종교적, 철학적, 정치적, 사회적 사상들의 유기적 체제로서의 한 이념을 다른 이념들과 부분적으로 절충해서 통합한다는 것은 논리적으로 불가능하다. 두 개의 이념의 융합은 그것들이 모두 스스로를 해체함으로써만 가능하다. 즉, 융합은 일종의 통합으로서만 가능하다.

셋째 이유는 바로 이와 같은 이념의 융합이 논리적으로 가능하고, 절대 다수의 인민공화국의 인민들이 남한과의 융합을 원한다 해도, 세습적 김정일 권력 체제의 몇몇 안 되는 실권자들이 자신들의 권력을 잃지 않고 그것을 정당화하기 위해서 건국 이념인 공산주의 이념을 포기할 수 없다는 아주 구체적인 현실에 있다.

이러한 사실에 비추어볼 때 그들이 한반도 적화 통일이라는 국가 이념을 포기하지 못하는 것은 당연하며, 이런 추론에 비추어볼 때 그들이 말하는 '전 단계 연방제 통일 방안'은 군사적 방법에서 이념적 방법, 일회적이 아닌 점진적 방법을 통한 적화 통일을 위한 전략적 변화에 불과한 것으로 볼 수 있기 때문이다. 이러 판단은 그동안 북한 정권이 줄곧 보여준 경악스러운 태도, 주장 그리고 구체적 여러 행동이 입증한다. 그렇다면 통일은 절망적인가?

바로 이런 맥락에서 세 번째로 나는 '포용'의 형태와 방법에 의한 통일을 구상하고 그것을 제안한다. 여기서 포용은 남한의 입장에서 북한이 자신의 폐쇄를 풀고 개방하여 세계 공동체의 일원으로 참여하고, 점차 이념적으로나 체제적으로 급변하는 인류의 역사에 남한과 하나가 되어 동참하도록 변화를 유도하는 남한의 통일 정책을 뜻한다.

이 같은 포용 통일은 결과적으로 남한에 의한 북한의 점차적 흡수 통일을 의미하지만, 그동안은 경직되었던 남한의 북한에 대한 태도를 폐쇄성에서 개방성으로, 배타성에서 포용성으로, 방위성에서 수용성으로의 전환을 전제한다는 점에서 사뭇 다르다. 포용통일론과 흡수통일론의 또 하나의, 아니 근본적인 차이는 남한이 북한의 변화와 개혁을 일방적으로 유도하는 것이 아니라 그 자신의 경직된 이념과 그러한 이념으로 뒷받침된 체제의 허다한 문제들을 스스로 반성하고 체질 개선과 개혁을 전제한다는 데 있다.

더 구체적으로 말해서, 이른바 자유민주주의에서 노출되는 비도덕성, 불평등성, 비인간성을, 사회주의가 지향하는 평등이라는 가치가 자유의 가치에 못지않게 정착되도록 스스로의 개혁과 변신의 필요성을 절대적 전제로 하는 데 있다.

오늘날 한국이 북한 이상으로 빈곤하고 혼란스러웠던 건국 초기와 그 후 북한에 의해 존재 자체가 위협을 받아왔던 얼마 동안과는 달리, 기적에 가까운 산업화와 근대화 그리고 민주화의 진통을 거쳐서 역동적으로 발전한 결과로 이제는 북한에 비해서 엄청난 강국이 된 것은 바로 이와 같은 스스로의 개혁을 충분히 해낼 수 있게 된 남한 자체만이 아니라 통일 한국을 위한 축복의 징조다. 격렬했던 민주화 운동, 김대중 국민의 정부의 '햇볕 정책'은 그러한 징조의 대표적인 사례로 들 수 있다. 그러나 여기서 잊어서는 안 될 점은, 극히 일부이긴 하지만 현재까지도 어떤 극단적 이데올로그들이 억지를 부리는 것과는 달리, 만일 한국의 이와 같은 기적적 발전이 없었더라면, 햇볕 정책은 물론이고 민주화 운동은 상상조차 할 수 없었을 것이라는 사실이다.

김대중의 햇볕 정책, 그 후속 조치로 막대한 달러를 대가로 지불하면서 이루어진 6·15 정상 회담, 그리고 그 뒤를 이은 노무현 정부와 그 밖의 여러 단체들과 개인들이 수많은 경로를 통해 북한을 방문하는 가운데 수많은 종류의 물질과 돈이 계속해서 북한으로 가고 있으며, 은근히 친북적이거나 북한에 호의적이고 역으로 남한 체제 비판적인 언론과 영상 매체들이 계속 등장하는 현상, 문화 및 체육의 차원에서의 많은 교류, 고위층 관료나 장성들 간의 회동 등 그리고 이른바 북한이 주장하는 '연방제' 혹은 최근 남한 정부가 수용할 듯 보이는 '한 단계 낮은 연방제' 도입에 의한 통일론은 단순하게 인도적 정신의 표현일 수도 있고, 포용적 통일을 염두에 둔 전략으로 해석할 수 있다. 그렇다면 상대적으로 부유한 남한은 곤경, 아니 기아에 허덕이는 북한 동포를 위해서 인도적 차원에서도 가능하면 더 많은 금전적이고 물질적인 원조와 더 많은 교류를 계속해야 할 도덕적 의무가 있으며, 이것은 전략적으로도 현명하고 유효하다.

그러나 만에 하나라도 원래의 의도와는 달리 이와 같은

원조, 교류, 통일 전략이, 아직도 '강성 대국'을 주장하면서 핵무기 개발을 포기하지 않고 개방을 거부하는 김정일 정권의 강화나 '선군 정치'의 공격성, 연장 및 연명을 위한 자양이나 약이 된다면 문제는 전혀 다르다. 한 걸음 더 나아가서 만의 하나라도 김대중 정권에서 시작하여 현재 노무현 정권에 이르면서 차츰 더 활발해져가고 있는 이와 같은 혁신적 변화가 궁극적으로는 대한민국의 정통성과 정체성에 대한 비판과 부정을 의미하고, 이러한 대한민국의 비판과 부정이 자유민주주의 이념을 근본적으로 부정하는 동시에 공산주의 이념의 수용을 함축하고, 또한 그것이 대한민국의 정통성 부정과 인민공화국의 정체성 옹호를 의미하는 것이라면, 오늘의 사태는 정말 심각하다.

왜냐하면 대한민국이 어느 면에서 더 '평등'한 사회를 지향해야 한다는 차원에서 인민공화국의 어떤 측면을 도입해서 개인의 자유를 어느 정도 양보해야 할 필요가 있다는 것을 인정한다고 하더라도, 자유의 제한에는 더 이상 양보할 수 없는 마지노선이 명시되어야 하기 때문이다. 왜냐하면 자유의 이념은 대한민국의 가장 기본적인 초석이고 가장 귀중한 인류의 가치며 바로 삶의 존재 가치이기 때문이다. 포용적 통일을 포함한 어떤 통일도 자유의 가치가 부정된다면, 즉 만일 통일이 적화 통일이라면, 몇몇 인사들이 주장하는 바와는 정반대로 그러한 통일보다는 분단된 대한민국에 사는 것이 적화 통일된 인민공화국에 사는 것보다 낫다고 나는 믿으며, 극소수의 인사들을 제외한 오늘의 모든 대한민국 국민들은 나와 공감하리라고 확신한다.

불행하게도 햇볕 정책이 발동된 이후 달라진 남북 간의 관계와 여러 가지 정치적 현상과 활동에서 나는, 정책입안 자들이 의도했던 것이든 아니든 간에 상관없이 이와 같은 나의 의구심을 촉발하는 어떤 징조를 감지할 수 있을 것 같다. 그것들 속에서 한편으로는 대한민국을 흔들고 부정하고 파괴하며, 인민공화국에 나타나는 모든 부정적 문제에는 의도적으로 눈을 가리고, 귀를 막고, 입을 다물고 있다는 조짐들을 볼 수 있기 때문이다.

통일 국가 건설이라는 민족적 과업을 포기할 수 없고, 융합의 과정을 통한 통일만이 우리가 선택할 수 있는 유일한 방법이라면, 우리가 가장 먼저 필요로 하는 것은 대한민국의 체제를 더욱 견고하게 만드는 작업이요 그것이 핵심적 관건이다.

그 작업은 자기 반성, 성찰에 기초한 안과 밖의 부단한 혁신이다. 살아 있는 모든 것이 성장하고 성숙하기 위해서 끊임없이 신진대사를 해야 하듯이, 스스로의 생존을 견고히 하고 발전하자면 대한민국은 자기 검정과 반성을 통해 내부적으로나 외부적으로 끊임없는 자기 개선과 혁신을 생동적으로 거듭해야 한다. 이러한 과제의 수행은 어느 사회에서도 완전히 피해갈 수 없는 작업이지만, 선진 국가나 이상적 사회를 위해 지난 반세기 동안 발버둥쳐 왔으면서도 분단 국가로서의 남다른 걸림돌에 걸려 있는 오늘의 대한민국에서는 각별히 중요하다.

우선 개선되고 개혁되어야 할 대한민국 내부의 문제를 생각해보자. 건국 이념인 자유민주주의의 가치가 중요하더라도 이념적 차원에서 평등의 가치를 위한 분배의 공평성, 복지의 강화를 위한 정책과 제도가 개선되어야 하며, 경제적 차원에서 생산성의 활력과 효율성을 위한 제도적, 기술적 조정과 개혁이 꾸준히 진행되어야 한다. 사회적 차원에서 사회의 각 계층 간 분야 간의 질서와 조화를 조성하고 유지하지 위해서 준법 정신이 강화되고 그러한 목적에 부응하는 법적 규범의 유연한 제정과 부단한 개선이 또한 요청된다.

도덕적 차원에서 그동안 많이 개선되었음에도 불구하고, 아직도 우리 사회에 널리 퍼져 있는 관계, 정계, 경제계, 교육계, 학계, 체육계 등의 부패의 청산이 시급하다. 문화적 차원에서 전통적으로 관습화된 권위주의, 남성중심주의를 청산해야 하고, IT와 가전 제품, 자동차, 조선 등의 몇몇 산업 기술 분야에서는 세계에서 앞장서고 있을 뿐만 아니라 교육 열과 대학의 수에서는 세계에서 빠지지 않음에도 불구하고, 아직도 원시 시대나 중세의 미신적 사고에서 벗어나지 못하고 있는 대중들의 의식이 개명되어야 한다.

한 개인이 다른 개인들과의 관계를 떠나서는 존재할 수

없고, 그런 관계가 잘 유지될 때만 안정과 번영이 가능한 것과 마찬가지로, 한 국가도 다른 여러 국가들과의 관계를 떠나서는 존재할 수 없고, 그런 관계가 좋을 때만 안정되고 번영할 수 있다. 대한민국의 경우도 마찬가지다. 대한민국을 더욱 견고히 하기 위한 내부적 개혁이 이와 같은 것이라면, 대한민국이 견고한 국가로 번영할 수 있기 위해서 앞서 본 바와 같은 내부적 개혁이 필요한 것 못지않게 외부적 개혁이 필요한 것은, 무엇보다도 한 국가는 다른 국가들과 부단한 관계와 교류를 떠나서는 존재할 수 없기 때문이다. 세계 전체가 단 하나의 지구촌을 형성하여 살 수밖에 없는 21세기 오늘날 국가 간의 관계는 그만큼 밀접한 동시에 복잡하고 상호 의존적인 동시에 더 상호 갈등적으로 되어 가고 있다.

특별한 지리적 위치상, 근대화가 시작된 100여 년 전부터 중국, 일본, 러시아, 미국 등의 강대국들 간의 경제적, 군사적 갈등과 문화적 경쟁과 싸움의 터전이 되어왔었고, 현재에도 그러한 상광이 북한이라는 정권이 수립되면서 더욱 복잡하게 된 대한민국은, 자신의 번영이나 안정만이 아니라 존속을 위해서라도 우선은 국익 관점에서 어느 때보다도 타국들과의 관계를 더 공존적이고 상호 보존적인 방향으로 유지하면서, 유연한 변신과 개혁을 꾸준히 실천해나가야 한다.

현 정부의 외교 정책은 어떠하며, 외국에 대한 한국인들의 정서와 태도는 어떠한가? 현 정부의 외교 정책은 과거의 정책으로부터의 큰 회전 현상을 보이고 있다. 개혁의 이름으로 추진되고 있는 이러한 정책의 변화는, 특히 건국 이래 혈맹국이었던 미국이나 비교적 가깝게 느껴졌던 일본으로부터의 점진적인 상대적 이탈, 과거 적국이었던 중화인민공화국이나 러시아와 '최적국'이었던 북한 인민공화국으로의 급속한 상대적 접근 형태로 구체화되고 있다. 한국민의 외국인들에 대한 태도와 정서의 변화도 최근에는 사정이 좀 달라지고 있는 것으로 보이지만, 이삼 년 전만 해도 친미에서 반미, 친일에서 반일로의 급회전, 반북이나 반중국 또는 반공의 정서에서 친북이나 친중국 또는 좌파 이념으로의 이행이 두드러져 보였다. 그것은 여러 번의 대대적 '촛불 시위', 그와 대조적인 북한의 핵문제나 인권 문제에 대한 발언이나 비판이 거의 금기시되는 분위기 등으로 분명해졌다.

이러한 변화는 오랫동안 지속된 미국과 한국 간의 실질적 주종 관계에서 벗어나야 한다는 의도에서 마땅한 외부적 변화로 볼 수 있다. 그러나 북한이 핵개발로 한국 더 나아가 미국을 중심으로 한 자유 진영의 질서 그리고 그 연장선상에서 세계 평화를 위협하고 있는 상태에서, 미국의 시장이 존재하지 않고는 한국 경제를 생각할 수 없음을 인정할 때, 과연 현 정권의 개혁적 외교 정책과 현재 한국민이 갖고 있는 미국이나 일본 같은 특정한 나라에 대한

비우호적, 부정적, 배타적, 적대적 정서가 바람직한 것인지
는 극히 의문스럽다.

어쨌거나 어떤 상황에서도 대한민국은 수호되어야 한
다. 그렇다면 도덕적인 차원을 떠나서 치열해지는 국제 경
쟁 속에서 번영하기 위해서는 물론이고 그냥 생존하기 위
해서도 우리는 역사의 흐름을 객관적으로 직시해서 파악
하고, 갈등하는 두 가지 이념과 체제 가운데서 가장 유리한
쪽을 선택하여 그렇게 선택한 가치가 실현되도록 정부는
물론 국민 전체가 지금의 외교 정책과 외국에 대한 태도에
서 개혁 방향을 되돌려 합리적인 개혁을 계획해야 할 것이
다. 이러한 개혁의 목적과 전략은 다만 대한민국의 국민만
을 위해서가 아니라 궁극적으로는 인민공화국의 민중을
위한, 즉 통일된 한반도의 국가를 위해서도 채택해야만 할
한민족의 절대적 명제다. 그리고 이런 명제를 실천에 옮기
기 위한 가장 기본적인 조건은 현 정권의 주체와 더불어
국민 모두가 어떤 선동에 부화뇌동하지 말고, 경직된 이념
과 경박한 감상으로부터 해방되어 잃어버린 이성을 되찾
는 일이다.

그렇다. '우리의 소원은 통일!'이기에 그 통일은 더 조심
스럽고 더 견고하게 진행되어야 하며, 그러기 위해서 우리
는 더 냉정해져야 한다. 그래서 나는 여기서 2002년 '월드
컵' 당시의 응원단 '붉은 악마'들이 부른 다음과 같은 응원
가 한 구절을 큰 목소리로 반복한다.

"대— 한— 민— 국! 오 필승 코리아! 오 레오 레오레!
파이팅 코리아!"

[계간 『철학과 현실』(2006년 가을호)]

지금 한국은 어디로 가는가

2006년 한국은 무엇을 해야 하는가? 나의 대답은 간단하고 명료하다. 과거 해마다 줄곧 그래왔던 것처럼 할 일은 태산같이 많다. 그러나 그 중에서 가장 중요한 것은 '이념의 정리'다.

광복 이후 60년 동안 우리는 역사가 몰고 온 엄청난 사회적, 정치적, 문화적, 이념적 변화의 충격과 혼란 속에서 자유민주주의를 이념으로 한 대한민국이라는 나라를 가까스로 세웠고, 3년간 동족의 피로 국토를 물들게 한 6·25전쟁을 거쳐 적화의 위기에서 아슬아슬하게 빠져나와야 했고, 끊이지 않는 남북 간의 긴장된 군사적 재분쟁의 위험 속에서 4·19혁명, 두 번의 쿠데타와 개발 독재 정권 하의 고통을 참고 견디면서, 1990년대에는 마침내 민주화 운동을 성공으로 이끌어내었다.

자연 자원이 전무하고 1960년대까지도 세계의 빈곤 국가 중의 하나였던 한국은 오늘날 세계 11번째의 큰 무역국으로 성장했으며, 새 천 년을 맞으면서 최첨단 과학 기술을 향유하는 국가로 성장했다. 한국의 발전은 작년 한 해 동안 천만 명이 넘는 한국인이 해외 여행을 즐겼다는 최근의 통계 수치로도 알 수 있다.

2006년도에 한국은 실업자 문제, 노사 갈등과 수많은 집단 시위, 정경 유착에 의한 부패 문제, 점점 더 벌어져가는 빈부 격차 문제, 궁지에 몰려가는 농촌 문제, 갖가지 구조 조정 문제, 선진국으로 도약하는 문제, 교유 개혁 문제, 국정원의 비밀 도청이라는 사건이 함의하는 국가 사법 기관의 신뢰도 회복 문제, 세계 각국과 바람직한 외교 관계를 가져야 하는 문제, 세대 간의 갈등 문제, 환경 문제 등 다같이 중요한 수많은 문제들과 직면하고 있다. 그럼에도 불구하고 '이념의 정리'가 2006년 한국의 가장 중요한 과제인 이유와 근거는 무엇인가?

도대체 이념이란 무엇인가를 먼저 알아보자. 이념은 존재 방식과 행동을 규제하고 의미를 부여하며 지침을 제공하는 관념적 큰 틀이다. 그것은 개인의 경우 그의 행동 원리로서의 인생관을 뜻하며, 국가의 경우 정치 철학과 동일하며, 사회의 경우 구성원의 상호적 관계를 규정하는 규범과 일치한다. 그것은 구성 원리로서 행동에 지침과 의미를 부여하고, 국가의 정책 결정에 근거를 제공하고, 사회에 그것의 존재 조건인 규범의 원리로 작용한다. 이념은 인간의 삶이 가능하고 지탱하도록 떠받치고 있는 근본적 원리며 구조물이다. 이념이 부재하거나 확고하지 못한 개인이나 국가 그리고 사회는 미숙하고 불안정하며 혼란 속에 붕괴를 면할 수 없다.

그런데 지금 우리의 이념이 크게 흔들리고 있다. 얼마 전부터 개인적, 사회적, 특히 국가적 차원에서 우리가 귀중하게 전제하고 살아왔던 이념이 그와 대립되는 이념에 의해서 도전을 받아 다른 이념과의 경계선이 애매모호해지는 징조가 나타나고 있다. 그리고 그런 징조는 김대중의 '국민의 정부'에서 시작하여 노무현 정권으로 바뀌면서 점차 확대되고 더 자주 보인다.

현재 일각에서 감지되는 이념적 분위기의 흐름을 볼 때, 한국의 국가적 이념은 정확히 무엇이며, 한국 사회에서는 지금까지 간직해왔던 이념과, 그와 정면으로 대립되는 이념 가운데에 어느 쪽으로 기울어지는가가 불분명한 상태에서 의심스럽고 헷갈리고 있다. 지금 우리 사회는 이념적 불확실성 속에서 방황하고, 흔들리고, 더 나아가 혼돈의

늪에 깊이 빠져가고 있다는 생각이 들고, 헷갈림과 불안을 느끼지 않을 수 없다. 어쩐지 한국이 내적으로 와해되거나 외적으로 붕괴될지도 모른다는 걱정이 들기도 한다. 바로 이런 느낌과 생각이 '이념의 정리'를 2006년에 한국이 대처해서 풀어야 하는 가장 중요한 과제라고 판단하는 기본적 이유며 근거다.

좀더 구체적인 이유와 근거를 살펴보자. 현재 한국 사회를 뒤덮고 있는 이념적 불확실성과 혼돈의 구체적 징조는 여러 형태로 여러 곳에서 볼 수 있다.

그러한 징조의 몇 예로 몇 백 마리의 황소를 끌고 임진강을 건너간 정주영 회장의 북한 방문, 김대중 대통령과 김정일 국방위원장의 6·15 남북 정상 회담, 여러 차례 실현된 남북 이산 가족 상봉, 국가적 및 수많은 민간 차원에서의 북한에 보내지는 막대한 경제적 지원, 수많은 개인과 단체들의 북한 방문 등을 들 수 있으며, 재독 학자 송두율 교수의 '경계선인'이나 '북한에 대한 내재적 접근' 등의 개념 유포, 영화「실미도」,「공동경비구역JSA」,「태극기 휘날리며」 등이 거둔 폭발적 인기도 같은 범주에 속하는 징조의 예다.

좀더 심각한 예들이 있다. '과거사 청산', '역사바로잡기', "6·25전쟁은 남한이 시작했다"는 주장, 북한의 인권 문제에 대한 언급을 금기시하는 우리 정부나 인권운동가들의 태도, "남북 통일은 남한이 북한의 체제에 접근해야만 가능하다"라는 몇몇 대표적 지식인들의 공개적 주장 등이 그런 것이다. 한 걸음 더 나아가 이념적 흐름, 변화, 동요 및 혼란의 심각성을 나타내는 징조들도 있다. 강정구 교수가 김일성 생가를 방문했을 때 방명록에 기록한 '위대한 민족의 영도자 김일성 수령님'이란 글귀와 '6·25전쟁 때 김일성 공산 정권에 의한 적화 통일 국가 건설이 미국 놈들에 의해 좌절된 것은 민족이 통곡해야 할 한국의 비운'이라는 뜻을 담은 그의 학술 논문 발표, 맥아더 장군 동상 철거를 둘러싼 상반된 입장의 집단 간에 있었던 몸싸움 사건, 남한에서 활동했던 공산 빨치산과 남한에서 스파이 활동을 하다 잡혀 감옥에서 옥사한 장기수 같은 이들을 위대하고 숭고한 애국자로 모시어 그들의 묘지를 성역화하려다가 실패했던 최근의 사건 등이 그것이다.

이러한 징조들이 심각한 이유는 많은 사례들이 친(親)공산주의와 반자유주의, 북한 정부 체제에 대한 호의적인 인식과 지지, 즉 남한 정부 체제에 대한 반감적 인식과 부정적 태도, 다시 말해 한국인으로서 자기 부정적 입장의 극명한 표현이라는 사실에 있다. 이러한 이념적 논쟁 그리고 이념적 개종(改宗)이 그 자체로서 어느 곳 어느 때나 반드시 나쁘다는 것을 함축하지는 않는다. 동일한 이념은 시대와 장소, 문화와 정통 등의 특정한 맥락에 따라 상대적으로 다른 중요성과 기능을 갖고 있기 때문이다.

이념적 논쟁은 외부에서 강요된 것이 아니라 한 사회의

내부에서 자발적이고 민주적으로 진행될 때 그 사회가 침체되지 않고 스스로를 개선하면서 발전할 수 있는 초석의 긍정적 기능을 수행할 수 있다. 공산주의가 무조건 틀린 것은 아니며 자유민주주의가 무조건 옳은 것도 아니다. 그러므로 한 사회, 한 국가는 민주적 절차에 따라 자신의 이념을 1990년대 러시아와 그 밖의 동유럽 사회주의 국가에서 볼 수 있었듯이 공산주의에서 자유민주주의로 전환시킬 수 있으며, 거꾸로 서유럽 선진국에서 볼 수 있듯이 자유주의적 정권이 사회주의적 정권에 의해 교체되는 경우도 적지 않다. 건강한 사회의 이념은 이같이 경직되지 않고 유연해야 한다.

경우에 따라 북한이 지금까지 지켜오던 공산주의 이념을 버리고 자유주의를 국가 이념으로 삼는 것이 옳고, 마찬가지로 남한이 자유민주주의 이념을 포기하고 공산주의 이념으로 전환하는 것이 현명하다는 판단이 나올 수도 있다. 이와 같은 경우 이념적 혼란 및 논쟁은 그자체로서 크게 문제되지 않는다.

그러나 한반도의 경우 사정은 두 가지 점에서 사뭇 다르다. 첫째, 남한과 북한이 완전히 대립되는 각각 다른 이념으로 건국되었고, 둘째 이 두 국가 간 어느 때 어느 곳에서도 볼 수 없었던 비참한 전쟁을 치렀고, 반세기 이상의 시간 동안 군사적 분쟁 재발의 긴장이 계속되어 왔다는 데 있다. 햇볕 정책 이후 상황이 크게 바뀐 현재에도 군사적,

이념적, 정치적 갈등과 긴장은 가시지 않고 있으며, '북핵' 문제에 비추어볼 때 그 긴장이 잘못 가져올 군사적, 경제적 결과는 생각만 해도 끔찍하다. 한반도의 평화, 한민족의 번영만이 아니라 한국의 지형적 위치로 볼 때 동북아시아, 더 나아가서 세계의 평화와 공영을 위해서 남북한 양국의 화해, 평화적 통일은 필수적이다.

지난 60년간 지속된 남북 사이의 갈등이 자유민주주의와 공산주의라는 각기 서로 다른 두 개의 건국 이념에 유래된 것인 만큼, 한반도의 평화적 통일은 그 이념들 간의 평화적 통합을 전제한다. 그러나 두 가지 이념이 논리적으로 모순되는 만큼 이념 자체의 차원에서만 볼 때 그것은 불가능하다. 서로 모순되는 이념들은 그 성격상 섞어서 이념적 비빔밥으로 만들어 통합된 새로운 이념을 창출할 수는 없다. 그럼에도 불구하고 한반도의 평화 유지가 절대 명령이고, 그 평화가 남북한의 통합을 전제한다면, 그 방법은 어떤 것일 수 있는가?

첫째는 흡수 통일이다. 거기에는 두 가지 가능한 길이 있을 것이다. 가장 바람직한 방법은 어느 한쪽이 숙고 끝에 자신의 기존 건국 이념을 자의적으로 폐기하고 타자의 건국 이념을 자의적으로 수용하는 방법이다. 현재 한반도 상황의 경우 그것은 동독 정권의 경우처럼 북한 정권이 공산주의 이념을 버리고 스스로 해체하여 남한의 자유민주주의 이념 체제 아래에 흡수되거나 역으로 남한이 자신의 기존 이념을 포기하고 북한의 공산주의 이념에 흡수됨을 의미한다. 그러나 반세기 전은 물론 상황이 많이 달라진 오늘날에도 그러한 방법의 적용 가능성은 어느 쪽에서 보더라도 아직은 거의 보이지 않는다.

두 번째로 거시적이고 장기적인 안목에서 상대방을 당장 무력이나 폭력으로 흡수하는 대신 스스로 변화하거나 붕괴하여 자신의 이념과 체제의 품 안에 합류하도록 유도하는 방법을 생각할 수 있다. 그 중 하나의 예로 김대중 정권의 '햇볕 정책'을 들 수 있고, 다른 하나의 예로 북한이 줄기차게 사용하고 있는 '이념 침투'를 언급할 수 있다.

햇볕 정책은 이북에 대해 이전의 대립적 접근을 포기하고 우호적 접근을 함으로써 상대방의 폐쇄된 태도를 개방적 태도로, 방어적 태도를 참여적 태도로 바꾸어 남한과 그 밖의 자유 세계, 즉 자유 이념과 자본주의 경제 체제에 점차적으로 그리고 스스로 합류하도록 유도하는 정책이었다. 이에 반해서 북한의 통일 방법 중의 하나는 남한에 대한 선전과 스파이 투입을 통해서 남한을 이념적 차원에서 내부적으로 붕괴시켜 북한의 체제에 스스로 편입하도록 하자는 것이었다.

그러나 60년 이상 계속하고 있는 북한의 통일 방법 정책이나 8년이 지난 남한의 햇볕 정책은 예측했던 성과를 거두는 데 모두 실패했다. 남한의 햇볕 정책이 실효 없는 짝사랑이었던 것은 경제적으로나 이념적으로 그렇게 뜨거운 햇볕을 보냈음에도 불구하고 북한이 아직도 '핵무기'라는 군사적 옷과 '주체 사상'이라는 이념적 갑옷을 벗지 않고 있는 것으로 입증된 것 같다. 그리고 북한의 이념 침투 정책이 남한을 근본적으로 내부에서 흔들어 붕괴하게끔 하는 데 실패했다는 것은 그동안 수많은 시련을 겪으면서도 남한이 아직까지도 건재해 있을 뿐만 아니라 계속 번영해 왔다는 사실로 알 수 있다.

그렇다고 남북 통일을 포기할 수는 없다. 왜냐하면 그것은 한국 민족의 염원이며, 그와 동시에 동남아 평화에 필수적 장치이기 때문이다. 오늘날 한반도의 이런 정치 역사적 맥락에서 의식 있는 지식인, 정치가, 아니 모든 국민이 할 수 있는 것은 우리의 자유주의 이념을 선의의 인간적 관점에서 사회주의 이념 쪽으로 색칠하고, 자유주의와 사회주의라는 두 이념들 간의 거리를 줄여 남북한을 가로지르는 휴전선 경계선의 폭을 조금씩이나마 좁혀가는 작업이다. 이런 관점에서 김대중 및 노무현 정부가 지금까지 펴가고 있는 대북 정책은 옳고, 지난 수년간 남북한 사이에 벌어지고 있는 수많은 행사와 활동이 대체로 정당화될 수 있다.

하지만 모든 일이 그러하듯이 이념적 경계선에의 접근에도 그 한계가 분명해야 하며, 그러자면 그 경계선이 분명해야 한다. 그래야만 우리는 우리의 기존 이념을 어디까지 양보할 수 있는가를 결정하고, 그 테두리 안에서 어떻게 살아야 할 것인가를 비로소 결정할 수 있기 때문이다. 남북한의 군사적, 이념적 대립 구도가 북한에 대한 남한의 유화 정책이 통일 정책과 연계되고, 그 유화 정책이 남한에 의한 휴전선 경계의 우호적 접근을 의미한다면, 우리는 휴전선의 어느 지점까지 접근할 것인가를 분명히 해야 한다. 그것은 휴전선을 그은 남쪽 철조망의 바로 남쪽을 의미할 수도 있고, 지금까지 아무도 접근할 수 없었던 이른바 'JSA'까지를 의미할 수도 있고, 한 걸음 더 나아가 그 북쪽에 쳐진 철조망 건너편, 즉 북한 영토에까지 들어감이며, 남한의 자유민주주의라는 건국 이념을 뒤로 하고 북한의 김일성 주체 사상으로의 편입을 의미한다고도 해석할 수 있기 때문이다.

이런 맥락에서 볼 때 심각한 문제는 지난 몇 해 동안 남북한의 경계선, 즉 휴전선의 개념이 분명하지 않게 되어가고, 우리가 접근해야 한다는 경계선 북쪽 한계가 애매모호해져 가고 있다는 점이다. 우리가 북쪽을 향해 접근할 수 있는 한계가 첫째, 휴전선 남쪽의 철조망 남쪽까지인가, 아니면 둘째, 영화에서처럼 JSA까지인가, 또 아니면 셋째, 그 공간을 넘어 휴전선 북쪽 철조망의 북쪽 편까지인가가 분명하지 않게 되어가고 있다는 것이다. 위의 세 가지 가능성이 모두 문제에 대한 옳은 대답일 수 있다. 그러나 앞에서 예로 들은 이념적 변동과 동요의 여러 가지 징조들은 위의 셋 중 어느 것이 맞는 대답인지를 알 수 없다.

그런데도 일반인들은 물론 언론인, 학자, 정부 그리고

국가 원수까지도 이 문제에 대해서는 명확한 대답을 피해 가고 있다는 느낌이 든다. 어디에서도 그리고 누구로부터 도 우리의 북한 정책, 즉 이념 정책에 대한 명확하고도 단 호한 대답을 들을 수 없다는 데 문제가 있다. 이 문제가 중요한 것은 그 물음에 따라 개인적으로나 국가적으로나 그리고 민족적으로나 우리의 운명이 사뭇 달라지기 때문 이며, 자신의 앞날을 어떻게 전망하느냐에 따라 각 개인은 다른 삶을 계획하고, 다른 결단을 내릴 수 있기 때문이다. 냉혹한 우리의 객관적 현실은 영화「공동경비구역JSA」의 달콤한 환상 속 이야기와는 전혀 다르다.

우리가 타고 있는 배는 지금 어디에 있으며, 어디로 가 며, 우리의 선장은 지금 이 배를 어느 쪽으로 돌리고 있는 가? "쿼바디스?(Qvo Vadis?)" 지금 우리는 이념적 헷갈림 속에서 방황하고 있다. 우리가 현재 타고 있는 여객선, 그 선장, 선원 그리고 우리 모두는 거의 한 세기 전 뉴욕 항구 의 밖에서 빙산에 부딪혀서 침몰했던 타이타닉호, 그 선장 그리고 여객들이 저질렀던 실수를 반복하지 않기 위해서 는 너무 늦기 전에 올바른 판단, 단호한 결심 그리고 강인 한 의지를 갖고 총명하고 명확한 선택을 해야 한다. 그리고 2006년 우리의 경우 그 선택은 이념의 정리, 더 정확히 말 해서 북한의 현실에 우리의 현실과의 관계에 비추어본 이 념의 선택을 의미한다. 또한 그것은 곧 우리가 앞으로 바라 는 국가, 사회, 생활 양식, 더 궁극적으로는 인생관의 선택을 뜻한다.

여기서 다시 한 번 물어보자. "쿼바디스?" 우리 모두 대답을 함께 강구해보자.

[『월간 우리 길벗』(2006년 1월호)]

역사의 도전과 한국의 선택

　시방 한국의 가장 근본적인 문제는 이념적 선택이다. 이 선택은 지금 한국이 대응해야 할 역사적 도전이다. 이 도전에 어떻게 응징하느냐, 즉 어떤 이념적 선택을 하느냐에 따라서 국가로서의 한국, 민족으로서의 한민족의 운명은 전혀 달라지게 될 것이다.

　김대중 정권의 햇볕 정책 이래 남북 관계 및 남한의 정치와 사회와 이념의 차원에서 놀라운 변화와 문제가 국내외에 생기고, 이런 것들에 대한 논쟁이 계속 벌어져 왔으며, 노무현 대통령이 취임한 2003년 봄 현재 한국은 역사적 선택의 도전을 받고 그에 대한 역사적 대응을 요청받고 있다. 역사는 언제나 도전과 대응의 역사임을 인식할 때,

도전과 대응의 역동적 관계 속에서 한 사회의 역사는 발전 혹은 후퇴, 생존 혹은 멸망의 형태로 결정된다는 것을 전제한다면, 한국이 현재 놓여 있는 역사적 상황은 각별하지 않다. 그러나 현재의 역사적 도전은 각별히 심각한 의미를 갖고 있다는 데 문제가 있다.

현재 한국이 받고 있는 도전은 노사 간 갈등 해소, 경제적·지적·기술적·문화적 국제 경쟁력 강화, 정계·기업계를 비롯한 사회 전반에 걸친 투명성 확보, 환경 보호와 개선의 강화, 실직자·노령자·장애인·빈곤층 등을 주로 한 사회적 약자의 보호, 인구 억제, 범죄 등 수많은 종류의 것들이 있지만, 오늘날 각별하게 언급되는 것은 김대중 정권의 북조선에 대한 '햇볕 정책', 그와 연관된 '대북 불법 송금', '북조선의 핵 개발', '미국과 북한의 긴장된 대립 관계', '반미 정서', '촛불 시위', '미군 철수', '한미 동맹 관계', '경제적 불안', '국방 동요', '세대 간 갈등', '평화와 핵 확산', '미국의 패권주의', 특히 '노무현 대통령 당선', 노무현 정권의 인사로 드러나고 있는 급진적 '개혁 정책의 가능성이 초래할 결과' 등으로 굵어지는 '세대 간·사회 계층 간·지역 간 갈등', '미래의 불투명성' 등이 제기하는 복잡한 문제들이 당 혹은 국회와 정부 차원에서 현재 당장 각별히 대처하고 극복해야 할 수많은 도전들이다.

이런 와중에서 위기 의식을 느끼게 된 국민들이 모두 불안감에 싸여 있으면서도 그것을 분명히 표현하지 않거나 말하기를 꺼려하고 있다. 그러나 한국이 현재 받고 있는 역사적 도전의 의미의 깊이와 폭 그리고 그에 따른 위기와 불안의 깊이와 폭은 상대적으로 지금까지 유례없이 크다.

그 폭과 깊이 그리고 중요성은 한없이 다양할 수 있지만, 개인적으로나 집단적으로나 역사는 언제나 도전과 대응의 역사며, 닥쳐온 도전에 어떻게 대응하느냐에 따라서 운명은 전혀 달라진다. 도전에 대한 대응은 선택을 뜻하며, 선택은 언제나 가치 선택이다. 그러나 위와 같은 모든 문제들의 밑바닥에는 바로 앞서 말한 이념적 문제가 깔려 있으며, 이념적 선택에 비추어서만 그 여러 문제들의 성격이 설명되고, 실제로 풀어갈 수 있다.

하지만 이 이념적 선택 문제를 공석에서 당당하게 언급하고 토론하고자 하는 이는 아직 드물다. 모든 이들이 이 사실을 회피하려고 하고 있는 가운데 어디를 가도 이 문제에 관해서만은 음산한 침묵이 지배하고 있다. 왜 그럴까? 이러한 현상을 어떻게 설명할 수 있을까? 이런 물음에 대한 대답은 현재 한국이 너무 늦기 전에 결정해야 할 이념적 선택이 구체적으로 무엇을 의미하는 것인가에 대한 분명한 분석을 전제로 한다.

6·25전쟁으로 극단화된 북조선과 남한의 대립과 긴장은 김대중 정권의 햇볕 정책으로 대화의 물꼬가 다소 터졌다고는 하지만, 아직도 이념적으로나 군사적으로는 물론 모든 면에서 서로 극단적으로 대립된 가운데 줄곧 일촉즉

발의 긴장된 적대적 관계에 놓여 있어 왔다. 이런 대립적 구도 아래에서 양쪽은 다 같이 상대방으로부터의 위협을 의식하지 않을 수 없었지만, 적어도 1970년대 후반 박정희 정권이 계획하고 추진한 산업화가 어느 정도 궤도에 오르고 88서울올림픽을 성공적으로 치를 때까지 상대방으로부터 더 많은 위험을 의식하고 자체 붕괴를 항상 생각해야 했던 것은, 김일성의 북조선 정권이 아니라 군부가 잡고 있던 남한 정권이었다. 그것은 박정희 쿠데타 전후까지는 북조선이 남한에 비해서 경제적으로 조금 형편이 나았다는 탓도 있었지만, 그 정권의 체제적 성격상 정치적으로 안정되고 있었기 때문이었을 것이다.

그러나 남한은 지속적인 이념적 및 사회적 불안정성에도 불구하고 1980년대 이후 경제적으로 급성장하여 선진국의 문턱에 다가서게 되어 북조선과의 경제적 격차가 급격히 커지고, 1989년에 예상치 않게 소련과 동유럽 사회주의 국가들이 스스로 해체되면서 이념적으로나 군사적으로 심각한 위협을 느끼지 않게 되었다.

하지만 상황은 갑작스럽게 변했다. 부시 대통령이 북조선 정권을 '악의 축'의 하나로 지목한 이후부터, 대대적 개혁을 추진하겠다는 좌파적 성향의 노무현이 대통령에 당선되면서부터, '반미적'이라는 오해를 받고 있는 촛불 시위가 있은 후부터, 북조선의 핵무기 문제가 튀어나오면서부터, 미군 철수 문제가 언급되면서부터, 사정은 바뀌어 한반도에 전쟁의 어두운 그림자가 드리우고 이 땅의 국민에게 다시 한 번 큰 불안을 몰고 오게 되었다. 이러한 사건들이 몰고 온 불안은 이미 많은 사람들을 서로 갈라놓고 있는가 하면, 많은 사람들에게 각기 하나 하나의 마음속에서 결정 하기 어려운 '이것이냐 저것이냐'라는 물음에 대답할 것을 요구하고 도전하고 나왔기 때문이다.

그것은 다음과 같은 양립할 수 없는 두 가지 선택 가능성 가운데에서 하나의 선택을 요구하는 도전이다. 만약 미국 이 북조선의 핵을 제거하기 위해서 최후의 수단으로 북조 선을 무력으로 공격하기로 결정을 내릴 때, 미국과의 군사 동맹과 건국 이념인 자유민주주의 수호의 이름으로 미국 편에 서서 북조선과 전쟁을 하느냐, 아니면 민족 공동체와 평화의 깃발을 들고 한편으로는 미국과 맺고 있던 지금까 지의 혈맹 관계를, 다른 한편으로는 북조선과의 적대 관계 에서 백팔십도 회전하여 북조선 편에 서서 미국과 싸워야 하는가의 둘 중 하나의 가치를 선택하라는 도전이다. 이러 한 현재의 한반도에서 한국에 던져진 도전의 성격은 또한 다음과 같은 문제로 파악할 수 있다.

만약 김정일 정권이 어떤 상황에서도 자신의 생존적 차 원에서 핵무기를 마지막 카드로 사용하기 위해서 핵무기 개발을 포기하지 않을 때, 그리고 북조선과의 평화적인 민 족 통일이 김정일 정권의 이념의 테두리 안에서만 가능하 다는 전망이 설 때도, 남한은 평화와 민족 통일의 이름으로 자유민주주의 건국 이념을 버리고 전체사회주의라는 북조선의 건국 이념을 수용할 것인가, 아니면 북조선에 살고 있는 한민족만이 아니라 남한에 있는 한민족의 엄청난 목숨과 지금까지 피땀으로 구축해온 천문학적 재산을 희생시켜서라고 원래의 건국 이념을 수호하기 위해서 전쟁도 불사할 것인가의 둘 중 하나의 가치를 선택하는 문제다.

이러한 극단적인 선택을 모두 피하고, 평화로운 방법으로 북조선의 핵 문제를 해결해야 한다는 주장이 있다. 물론 가능하면 모든 문제를 무력이 아닌 대화로 풀어야 한다는 데 반대할 이는 아무도 없다. 그러나 문제는 그렇게 해결할 수 없는 경우가 있을 수 있다는 데 있고, 지금까지의 북한의 행동 형태로 보아, 한국인이나 미국인이나 일본인의 의사와 바람과는 상관없이 북한이 핵무기를 개발할 경우, 그것을 이용하여 남한, 더 나아가서는 일본과 미국까지 위협할 가능성이 많다는 데 있으며, 다른 한편으로는 미국이 자신의 이익만이 아니라 동북아, 아시아 그리고 지구적 차원에서 야기될 걷잡을 수 없는 정치적, 경제적, 군사적 위기를 미리 차단하기 위해서 북조선의 핵무기 개발을 용납하지 않을 것이라는 데 있다. 이와 같은 최악의 상황이 생기지 않기를 바란다. 왜냐하면, 첫째로 이러한 상황은 다 같이 바람직하지 않고 결정하기 어려운 것들이며, 둘째로 현재 '남남 갈등'이라는 낱말이 떠돌고 있다는 사실이 말해주듯이 한국민 내부에서도 위의 두 가지 선택에서 입장을 전혀 달리하는 이들 사이에도 이념적 분열이 생기고 있기 때문이다.

그러나 도전에 지혜롭게 대응하기 위해서는 냉철한 태도로 모든 가능성을 생각해볼 필요가 있고, 그러한 상황에서 어떤 선택이 가장 합리적인가를 객관적으로 검토하고, 때가 오면 당황하지 않고 냉철하게 행동할 수 있는 마음의 준비를 개인적 차원에서나 국가적 차원에서 해둘 필요가 있다. 그리고 이러한 검토를 거쳐서 한국민 전체, 즉 한 국가로서의 총괄적으로 통일된 의견을 어떤 방법으로든지 수렴할 필요가 절실하다. 궁극적으로 우리는 이념적 선택을 할 것을 도전받고 있으며, 현재 우리가 직면한 여러 가지 뒤얽힌 문제들의 밑바닥에는 국가적 차원에서의 이념적 선택 문제가 깔려 있으며, 지금 한국민이 느끼고 있는 위기감과 불안의 원인은 한국이 이념적 선택을 애매모호하게 유보하고 있다는 사실에서 찾을 수 있다.

적어도 인간의 경우 삶은 곧 행동이며, 행동의 표적은 가치다. 가치가 전제되지 않은 행동은 있을 수 없으며, 행동하지 않고 정체된 삶은 논리적으로 불가능하다. 가치를 전제하지 않은 인간의 삶은 존재하지 않는다. 그러나 가치는 객관적 발견 대상이 아니라 어떤 주체의 자율적 선택에 의해서만 주관적으로 창조되는 희망의 빛이다. 삶은 곧 부단한 선택의 과정이며, 선택은 언제나 가치 선택이다. 한 인간이 어떠한 인간인가를 결정하는 것은 그의 가치 선택의 전체에 지나지 않는다. 이러한 사실은 개인에게만 적용되는 것이 아니고 집단에도 똑같이 해당된다.

한 개인의 삶이 그가 추구하고 선택한 가치에 의해서 결정되듯이 한 인간 집단의 생존도 그가 선택한 가치에 의해서 결정된다. 운명이 내 행동 이전에 이미 결정되어 나에게 주어진 것이 아니라 내 자신의 창조적 선택, 즉 작품이라는 사실은 개인의 경우나 집단의 경우나 똑같이 맞는 사실이다. 개인이나 집단을 막론하고, 운명이란 자연이나 신들에 의해서 이미 결정된 것이 아니라 각자 자기 자신이 창조적으로 만들어낸 작품이다. 나의 삶, 우리의 삶에 관한 모든 책임은 궁극적으로 나 자신, 우리 자신에게 있다. 나의, 우리의 운명에 대해서 나나 우리는 그 어떤 다른 개인, 그 어떤 다른 집단을 원망해서는 안 되며, 원망할 수도 없다. 이런 점만으로도 선택은 엄숙한 행동이며, 심사숙고해서 신중히 해야 하는 행동이다.

선택이 신중해야 하는 엄숙한 행동이지만, 그것은 그 성격상 막상 결정하기가 무척 어려운 행동이기도 하다. 선택은 두 개 이상의 것들 가운데서 선택이지만, 선택 가능한 것들의 수가 아무리 많더라도 최종 선택은 언제나 갈림길에서의 선택으로 '이것이냐 저것이냐'의 둘 중 '단 하나만'의 선택이며 '단 한 번만'의 선택이기 때문에 더욱 어렵고 절박하다.

선택 가운데는 피해갈 수 있는 것들이 있기는 하지만, 어떤 종류의 선택은 절대로 피할 수 없을 뿐만 아니라 당장 선택을 요하는 경우가 있고, 그럴 경우 선택의 실존적 고통은 우리의 피를 말리고 살을 뺀다. 선택이 어떤 경우 이처럼 고통스러운 것은 모든 선택이 어둠 속에서의 선택, 즉 그 결과를 완전히 예측할 수 없는 상황에서 이루어질 수밖에 없는 행동이기 때문이다.

2003년 벽두 현재 한국이 바로 그러한 상황에 놓여 있다. 북한의 핵 개발을 둘러싼 문제를 중심으로 촉발된 한반도, 나아가서는 동북아시아에서 핵무기까지 동원된 전쟁 가능성의 짙은 먹구름이 하늘을 덮고 있고, 그 결과 상상만 해도 아찔한 정치적, 군사적 긴장이 덮쳐온 상황에서, 결단을 내리기가 아무리 고통스럽더라도 우리는 한 국가로서의 생존과 번영을 위해서 어떤 단호한 선택을 피할 수가 없게 되었다.

현재 바로 이 시점에서 한국이 직면한 가장 근본적인 선택은 평화 전쟁, 민족 통일과 자유 간의 택일을 뜻한다. 이러한 택일은 남한의 국가 이념과 북조선의 국가 이념, 자유민주주의적 정치 이념과 독재 전체주의적 정치 이념 간의 선택을 깔고 있으며, 이 밑바닥에는 좀더 깊은 차원에서 '자유'라는 관념적이지만 보편적인 가치와, '민족'이라는 좀더 구체적이지만 생물학적 가치 간의 선택을 전제하고 함축한다. 만일 '우리의 소원'인 민족 통합을 위해서 핵무기를 소유한 김정일 정권의 체제를 수용할 수밖에 없다면, 그러한 '소원'을 위해서 그러한 가상적 상황을 수용할 마음의 준비가 되어 있는가, 아니면 설사 민족 통일의 소원이

멀어지거나 아예 불가능하더라도, 그리고 어떠한 방법을 써서라도 북한의 핵무기를 저지해야 하는가에 대한 어떤 이념적 결단을 명확히 내려야 한다.

햇볕 정책과 북한에 대한 경제적 원조, 북한의 핵무기 개발, 한국에서의 우파와 좌파의 갈등, 수정주의자와 혁신주의 갈등, 보수 진영과 '진보' 진영 간의 격심해지는 갈등은 바로 이와 같은 이념적 선택에 비추어서만 각기 자신들의 이념적 타당성을 주장할 수 있다. 어쨌든 한 가지 확실한 것은, 앞으로 아니 지금 당장 한국이 어떤 이념을 선택하느냐에 따라 한국, 북조선 그리고 한반도와 한민족 전체의 앞으로의 운명은 사뭇 달라질 것이며, 한국의 역사는 서로 전혀 달리 기술될 것이라는 사실이다.

그렇다면 이런 선택을 위해서 먼저 무엇을 고려해야 하는가? 기분과 감정에 따라 즉흥적으로 할 것인가? 아니면 이성과 논리에 맞추어 체계적으로 할 것인가? 한국의 우연에 맡겨야 하는가? 아니면 세계와 인간에 관한 객관적 지식을 따라 냉철하게 할 것인가?

미래의 인간사를 완전히 예측할 수는 없다. 하지만 자연, 사회 그리고 인간에 대한 객관적 지식을 쌓으면 그만큼 미래에 대한 예측이 가능하다. 어떤 사건, 어떤 행동을 취하면 주어진 상황에서 어떤 변화가 있을 것인가를 논리적으로 유추할 수 있기 때문이다. 그들의 역사적·문화적·경제적·기술적·이념적 사실에 비추어볼 때, 북조선이

핵무기를 갖게 되면 북한과 미국이 남한을 비롯해서 북한
은 미국, 미국은 북한에 대해서 그리고 일본, 중국, 러시아
에게 어떤 태도를 취하고 어떤 행동을 택할지, 그리고 후자
들의 국가들이 북한과 각기 그 밖의 국가에 대해서 어떤
정책을 펼 것인가를 어느 정도까지는 예측할 수 있다. 이런
것을 검토한 다음 따져봐야, 그러한 결과가 우리가 옳다고
믿는 국가적 목적에 비추어 바람직한 것인가를 객관적으
로 검토할 수 있다.

이런 조건에서 우리가 해야 할 일은 우리의 국가적 사회
적 목적, 즉 이념에 비추어 바람직한 결과를 낳게 할 수
있는 국제적 조건을 조성하는 태도와 행동을 선택하는 일
이다. 하지만 우리가 어떤 철학적 이념을 갖고 있느냐에
따라 똑같은 결과가 긍정적 혹은 부정적으로 평가될 수밖
에 없기 때문에 궁극적으로 중요한 것은 철학적 이념을
선택하는 일이다.

이러한 이념적 선택이 선행되지 않고는 우리는 우리의
정치적·사회적·미학적 태도와 행동을 선택할 수도 평가
할 수도 없는 채, 유동적이며 회색적 애매모호한 공간에서
혼돈 상태로 방황할 수밖에 없다. 이러한 이념적 선택에서
의 이와 같은 방황, 이념적 선택에 관한 침묵과 주저함,
애매모호하고 어정쩡한 태도는 이념적 선택이 현실적으로
함축하는 막중한 개인적, 사회적 결과에 대해 져야 할 도덕
적, 정치적 책임의 심리적 무게에 비추어 설명된다.

그러나 지금 한국은 계속 방황하면서 결단을 주저할 정신적 사치와, 결단을 유예할 시간적 여유를 더 이상 갖고 있지 않다. 한국민은 좋든 싫든, 쉽든 어렵든 '이것이냐 저것이냐'를 결단할 상황에 몰려 있다. 우리가 결정하지 않는다면, 아무리 비극적이라도 우리는 우리 이외의 외국인들 혹은 외국의 결정에 의해서 끌려갈 것이고, 우리가 선택하더라도 잘못 선택하면 우리가 예측하고 바랐던 것과는 정반대 방향으로 사태가 전개될 것이기 때문이다.

일부 이념가들은 논리적으로 보아 절대로 양립할 수 없는 애매한 두 가지 가치를 동시에 주장하지만, 그것은 모순되는 주장이므로 그러한 입장 선택은 불가능하다. 양자택일이 불가피한 상황에서 우린 우리의 이념을 분명히 하고 그 사태에 대한 일관된 태도를 유지하고 행동해야 한다.

지금 상황에서 우리가 해야 할 선택은 이념적 선택으로서, 그것은 '자유 민주 국가'를 이념으로 세웠고, 그러한 이념을 위해서 그와 반대되는 이념을 갖는 국가들과 비극적으로 싸웠던 한국이, 지금 민족 통일과 사회적 평등을 위해서 얼마만큼 그 자신을 희생 또는 양보하면서 그와 정반대되는 이념과 사회 · 경제 · 정치 체제를 수용할 각오가 있는가 없는가를, 감정에 휘말리지 말고 이성적으로 냉철하게 판단하고 행동하는 일이다.

[계간 『철학과 현실』(2003년 여름호)]

제 2 장
이념적 상황

마르크스의 유령

지금 한국에서는 정체를 쉽게 파악할 수 없는 미묘한 기류가 피부에 느껴진다. 지금 한국은 어디에 있으며, 앞으로 어떻게 될 것이며, 무엇을 위해 어떤 길로 가야 하는가에 대한 불안감으로 가위에 눌려 있다. 우리를 가위에 눌리게 하는 것의 정체는 무엇인가? 그것은 어쩌면 일종의 유령인지 모르며, 그 유령은 160년 전인 1848년에 마르크스와 엥겔스가 『공산당 선언』에서 "유럽에 출몰하여 그곳의 모든 구세력들이 신성 동맹으로 단결하여 액막이고자 했던 공산주의라는 이름의 유령, 1993년 데리다가 말했던 마르크스의 유령"이 아닌가 하는 게 내 육감이다.

그 유령은 어떤 허리케인, 어떤 쓰나미, 어떤 지진보다도

20세기 인류의 역사를 강렬하게 흔들고 그 흐름을 크게 바꾸어놓았다. 그 유령은 1917년 러시아 혁명에 이어 제2차 세계대전 후에는 1949년 모택동에 의한 중국의 혁명 과정에서 나타났고, 한국전쟁·월남전에서 다시 그 모습을 노출했다. 그리고 그것은 1960년대 중국 역사의 가장 수치스러운 역사의 한 토막이었다고 스스로 인정하게 된 '홍위병을 동원한 문화 혁명'을 청산한 중국의 1980년대 말의 자본주의 경제 체제로의 회전, 1989 베를린 장벽의 붕괴로 상징되는 동유럽 사회주의 국가들의 몰락, 소련의 해체까지 약 반세기 동안 지구 각처에서 끊임없이 일어난 수많은 정치적 긴장, 분쟁들 그리고 미국과 소비에트를 축으로 한 상반되는 두 이념적 진영 간에 있었던 세계 냉전 체제의 원인이기도 했다.

마르크스에 매혹되지 않은 인간은 과거나 현재나 찾아보기 쉽지 않을 것이다. 그의 이상주의, 도덕적 동기, 그 자신의 이상에 대한 열정, 이념에 대한 신념 그리고 그의 놀라운 통찰력, 그의 신선한 세계관에 포괄적이고 깊이 있는 이념, 그의 메시아적 신념과 의지에 감복하지 않을 지식인을 골라내기도 쉽지 않다. 많은 지식인들이 소련의 공산주의 혁명에 경악함과 동시에 뜨거운 박수를 보냈고, 10억이 넘는 중국인들이 모택동의 공산 혁명에 열광했던 것은 당연하며, 세계 어디를 가도 마르크스를 숭배하고 공산주의에 이념적으로 동조하는 이들이 아직도 많다. 1959년에

'인민공사'라는 집단 농업으로 더 농민들이 가난하게 되고, '문화혁명'의 광란으로 인간의 도덕적 치부를 가장 가혹하게 방출했음에도 불구하고 중국의 공산 혁명을 '6억과의 대화'라는 이름으로 미화했던 지식인들이 한국에서도 적지 않았다.

하지만 러시아의 혁명 과정, 특히 스탈린 체제 아래에서의 공산주의 사회를 냉정히 관찰한 많은 지식인들은 공산주의에 환멸을 느꼈고, 양심적 비판의 목소리를 낸 이들이 적이 않았다. 이 중에는 한때 열렬한 공산주의로 활동했던 이들도 많다. 프랑스의 작가 앙드레 지드는 러시아 혁명이 있고 몇 년 후 쓴 『소련 기행』을 통해서, 영국의 소설가 올더스 헉슬리는 이미 1932년 작품 『멋진 신세계』에서, 한때 열렬한 공산당 당원으로 활동했던 헝가리 태생 아더 케슬러는 1940년 작품 『한낮의 어둠』에서, 또 하나의 영국 작가 조지 오웰은 1949년에 쓴 소설 『1984』를 통해서 프롤레타리아의 독재라는 이름의 평등을 자처하는 공산주의 사회에 감추어진 전체주의의 비인간적 독재성과 그에 수반되는 잔인성, 극심한 불평등성을 가차 없이 폭로하고 비판했다.

남한의 경우, 6·25전쟁 이후 더군다나 경제적 근대화의 성공과 정치적 민주화를 성취한 이후, 그리고 북한의 가혹한 현실에 삼척동자도 더 이상 눈을 감을 수 없게 된 이후부터 공산주의의 유령이 출몰하여 사람들을 가위에 눌리게 할 수 있는 어두운 공간을 더 이상 찾을 수 없을 것같이 보였다. 한국에서의 이 같은 인식은 1989년 베를린 장벽 동쪽 편에 있는 동유럽 사회주의 국가들이 며칠 사이에 도미노처럼 붕괴된 이후 전 세계적으로 확산됐다. 한국에서나 지구상 전체에서, 한국인이나 모든 국가의 시민들은 마르크스와 마르크스주의 이념적 악몽에서 깨어나 해방되어 제정신을 되찾았다고 스스로 믿었었다.

후쿠야마의 저서 『역사의 종말』은 세계적으로 퍼진 이와 같은 인식을 대변했고, 우리의 이념적 해방의 의미를 이론적으로 뒷받침해주었다고 믿게 되었다. 이런 상황에서 남한에서의 공산주의·마르크스주의는 설사 내심으로는 공산주의자·마르크스주의자라 하더라도 누군가가 그를 그러한 이념가로 의심하게 된다면 그를 그렇게 의심하는 자를 '마귀사냥꾼'이라고 맹렬히 비판해야 했을 만큼 모든 이들이 철저한 반(反)공산주의·반마르크스주의자였으며, 공산주의·마르크스주의는 모든 이들에게 철저하게 금기의 이념이었다.

그러나 1993년에 데리다는 『마르크스의 유령』을 출판함으로써 후쿠야마의 역사 진단이 경솔했음을 지적하고 공산주의라는 유령이 아직도 출몰하고 있다고 주장했다. 마르크스의 실체에 대한 데리다의 이와 같은 통찰이 틀리지 않았다는 것은 제2차 세계대전 이후 인위적으로 분단된 이래 유일하게 남아 있는 한반도 현실에 의해서 가장 분명하게 실증됐다고 볼 수 있다.

동유럽의 여러 공산주의 국가들이 해체된 이래 지구상에는 중국, 베트남, 캄보디아, 쿠바 그리고 북한이 공산 체제를 견지하고 있다. 그 중에서 중국과 베트남 그리고 캄보디아는 이념적으로만 공산주의를 표방하고 있고, 쿠바도 근래 자본주의적으로 변해가고 있다. 그러나 북한에서만은 사정이 다르다. 그곳에서는 아직도 공산주의 이념, 마르크스의 전투적 유령이 출몰하고 있다. 아직도 명분상 공산주의를 주장하는 공산주의 국가들 가운데서 북한만이 건국 이래 60년이 지난 오늘날까지 줄곧 '주체 사상'의 깃발을 올리고 세계에서 유례가 없는 강성 공산 독재 정치 체제를 강화하고 있는가 하면, 남한에서는 사라진 줄 알았던 마르크스의 유령이 지난 10년, 아니 20년 이래 여러 형태로도 이곳저곳에서 불쑥불쑥 튀어나와 위협적 소리를 내고 있다. 그리고 이러한 상황은 최근에 와서 시간이 가면서 점차 깊어가고 있다고 여겨진다.

　　그렇다. 마르크스와 마르크스주의는 아직도 살아 있으며 앞으로도 계속 살아남을 것이다. 인간으로서의 마르크스와 이념으로서의 마르크스주의는 일견 위대하고 매력적이다. 이런 점에서 마르크스와 마르크스주의가 예수와 기독교, 마호메트와 이슬람, 석가모니와 불교 같은 종교적 창시자들과 그들의 도덕적 가르침에 못지않은 막강한 영향을 지난 한 세기 반 이상 인류사에 미칠 수 있었던 것은 결코 우연이 아니다.

마르크스의 위대성은 변증법적 유물론이라는 기계적이 지만 낙관적 세계관, 거기에 기초한 역사적 유물론이라는 역사 · 사회 · 정치 철학, 자본론이라는 경제 이론 등 놀랍 게 참신한 학설을 세운 그의 지적 힘에서 찾을 수 있고, 강단적 지식에 그치지 않고, 자신의 이론에 따른 이상적 사회 건설을 위한 혁명을 계획하고 그런 운동에 몸을 던져 직접적으로 참가했던 실천적 열정에서 찾을 수 있다. 그러 나 그 위대성의 핵심에는, 그와 같은 사상 체계들의 옳고 그름을 떠나 그의 가슴 한복판에서 타고 있었을 것이라고 추측할 수밖에 없는 그의 도덕적 이상과 인간적 따뜻함, 참됨, 아름다움 그리고 그러한 속성들이 갖고 있는 보편적 호소력에 있었을 것이다.

그의 세계관은 자연과 인간에 관한 현대 첨단 과학이 보여준 사실들을 몰랐던 상태에서 그려낸 소박한 세계관 이었으며, 그의 역사 철학이나 경제 이론은 오늘날의 세련 된 경제 이론이나 역사학과 역사 철학에 비추어볼 때 매우 소박하고 도식적인 것으로 드러났다. 자신의 소신을 굽히 지 않고 목숨을 걸면서 열정적으로 사는 사람들 가운데는 대표적으로 소포클레스의 작품 속 주인공 '안티고네'가 있 고, 메리메의 단편 소설 속 주인공 '카르멘' 등과 같은 이들 이 적지 않다. 수녀 마더 테레사에 의해 상징되는 도덕적 가치를 위해서 마르크스보다도 더 직접적으로, 더 어렵게 자신의 모든 것을 타인에 대한 봉사에 열정적으로 바친 이들 가운데에는 인류의 역사를 통해서 헤아릴 수 있는 많은 무명의 자원봉사자들이 있었고 현재도 그렇다.

그러나 '인간에 의한 인간의 착취'가 없는 정의롭고 모두가 평등한 사회, '누구나가 언제고 무엇이든 하고 싶은 대로 할 수 있는 자유로운, 인간다운 삶'을 꿈꾸고, 그러한 꿈이 실현될 수 있는 유토피아의 가능성을 믿으며 그러한 단계로 인류가 진보해가야 하고, 현재도 그런 과정의 역사적 진보를 마르크스만큼 확신한 이는 아마 부처, 예수, 마호메트, 공자를 빼놓고는 없었다. 이런 점에서 마르크스주의는 일종의 사회적 차원에서만이 아니라 도덕적, 형이상학적 차원에서도 희망의 사상이며, 천상에서가 아니라 지상에서 천국을 꿈꾸는 메시아적 사상이기도 하다.

마르크스와 마르크스주의의 위대성은 바로 이 같은 사상, 아니 꿈에 존재한다. 왜냐하면 그러한 꿈은 인류의 영원한 꿈이기 때문이다. 설사 그것이 실재로 실현될 수 없었고, 앞으로도 없을 것이라 해도 말이다. 아니 그것이 실지로 불가능하기에 그것은 여전히 우리의 마음을 잡고, 우리의 영혼을 흔들 수 있고 흔들 수 있었으며, 현재도 그렇다. 마르크스 · 엥겔스가 쓴 『공산당 선언』의 마지막 부분은 글을 읽는 누구든지 정신을 잃고 광기에 빠져 이념적 난리를 치고 공산주의자로 개종시킬 만한 힘을 발휘한다. 문제의 마지막 문장은 아래와 같은 구호로 이렇게 끝난다 :

"지배 계급을 공산주의 혁명에 벌벌 떨게 하자. 프롤레타리아 계급이 잃게 될 것은 그들을 묶어놓은 쇠사슬 외에는 아무 것도 없다. 모든 나라의 노동자들이여, 하나로 뭉쳐라!"

그러나 마르크스의 관념적 세계관, 그것을 구성하는 그의 추상적 이론, 그 이론을 담은 마르크스 마술적 수사학, 그러한 수사학을 토대로 진행된 공산주의 혁명 과정과 그 결과로 실현된 공산주의 국가들의 객관적 현실을 냉철한 눈으로 보고, 이상과 현실, 이론과 실천의 괴리를 읽어내며 공산주의의 정체의 의미를 비판적으로 밝혀내고 그 가치를 냉혹하게 평가해야 한다. 이는 마르크스의 애초의 이상과 의도가 아무리 위대하고 아름다웠다 해도 사정은 마찬가지며, 분단 국가 한국이라는 특정한 사회에서만이 아니라 세계 어느 사회에서도 다 같이 해당된다.

과연 어느 공산주의 체제에 마르크스의 위대한 지적, 도덕적 가치가 그 밖의 다른 체제의 사회에서보다 상대적으로나마 더 잘 구현되었으며 실천되고 있는가를 잠깐이나마 생각해볼 필요가 있다는 것이다. 객관적인 역설적 사실은 마르크스가 붕괴시켰고 또 붕괴시키고자 하는 반공산주의 체제를 갖춘 사회에서보다는 바로 공산주의를 자처하는 사회에서 더 부정되고 파괴되었고, 반대로 공산주의 사회에서보다는 반공산주의 사회에서 마르크스가 실현하고자 했던 개혁과 도덕적 물질적 가치는 훨씬 더 만족스럽게 진보적 방향으로 개선되었다.

누구나 유토피아를 꿈꾼다. 인류의 역사를 통해서 지금

까지 만족한 사회는 어느 곳에서도 찾아볼 수 없다. 전통 사회, 근대 사회, 자본주의 체제 사회는 마르크스가 고발하고 있듯이 불공평하고 억압적이고 비도덕적이었다. 그렇다. 마르크스가 의도했던 대로 더욱 정의로운 사회로 바꾸어야 한다. 이러한 생각을 하면서 기존 세대, 기존 체제, 기존 세계를 바꾸어야 한다고 믿고 개혁하고자 애썼던 이는 마르크스 이전과 이후에, 마르크스 말고도 수많은 사람들이 있었다.

그러나 문제는 누구의 무엇을 위해서 어떤 형태로 어떻게 바꾸느냐에 있다.

마르크스는 인류 모두가 모든 종류의 억압으로부터 해방되어, 누구나 자유롭게 자신의 필요에 따라 먹고, 착취가 없는 노동을 하고, 예술가가 되어 창조적으로 활동을 즐길 수 있는 삶의 유토피아를 꿈꾸었다. 그러나 그런 유토피아의 꿈을 실현하기 위해서 그가 택한 혁명이라는 방법은 러시아의 볼셰비키 혁명, 중국의 공산 혁명, 북한의 공산 정권 구성을 비롯해서 쿠바와 그 밖의 혁명에서 볼 수 있었듯이, 그 혁명이 실현코자 했던 도덕적 가치와 정면으로 배치됐었고, 그 과정은 너무나 비인륜적 폭력의 잔인성을 노출했다. 스탈린 정권 아래에서의 집단 수용소의 고통, 모택동이 기획한 중국의 문화 혁명의 상상할 수 없는 인류적 광란, 캄보디아에서 감행된 크메르 루즈의 끔찍한 대학살 등을 이와 같은 사실의 객관적 증거로 들 수 있다. 이런 지적에 대해서 공산주의 혁명은 이와 같은 수단과 과정의 잔인하고 비인도적인 것이 사실이지만, 그 비인륜성은 유토피아 건설이라는 숭고한 인류의 보편적 목적에 의해서 정당화된다고 주장할 수 있다. 이러한 주장을 긍정하는 이는 많지 않을 것이다. 하지만 우리의 논의를 위해서 그러한 주장을 잠정적으로 인정하고 과연 붕괴되기 이전과 현재 연명하고 있는 공산주의 국가들의 정치·사회적 체제의 실상은 과거 어떤 것이었으며, 또한 현재는 어떠한가를 검토해보자.

첫째, 사회 조직과 운영 차원에서 보자. 스탈린, 흐루시초프, 브레즈네프를 거쳐 고르바초프에 의해 스스로 해체하기까지 약 10년간의 소련 공산주의 사회는 1인 아니면 몇몇 집단의 완전한 독재 체제 아래 있었다. 이러한 실태는 중국, 쿠바, 베트남, 캄보디아 등의 다른 공산 정권에서도 전혀 다를 것이 없으며, 그러한 독재 체제의 가장 대표적이고 극단적인 예는 김일성·김정일의 60년 이상 세습적으로 지속되는 북한 체제에서 찾아볼 수 있다. 모든 국가적 사안이 한 사람 아니면 몇 사람의 결정과 의지에 의해서 결정되고, 그 밖의 국민들은 그런 독재자와 당의 지령과 명령, 감독에 따라 움직여야 하고, 모든 개인의 삶은 경찰과 군대에 의해서 감시되고 통제되며, 모든 사유는 당국이 지정한 한계 안에서만 가능하다. 공산 혁명은 한 사회를 개인의 자유가 허용되지 않는 감옥으로 변형하고, 그곳에

사는 국민들은 일종의 로봇으로서 존재하게 하였다. 계급 없는 사회, 평등, 정의, 해방, 자유, 유토피아 등의 가치의 이름으로 정당화되었던 공산주의 국가의 어느 것을 당원과 비당원, 당 간부와 평당원, 당수와 당 간부 사이에는 어느 사회보다도 엄격하고 오로지 당수·위원장만이, 조금 낮은 단계의 자유는 당 간부 그리고 한층 더 낮은 단계의 자유는 당원만이 독점적으로 나누어 누릴 수 있는 가치가 되었다.

둘째로 경제적 차원, 즉 마르크스의 사회 철학이 하부구조, 즉 근본적 토대라고 전제하는 경제적 상황은 어떠한가? 자본주의 체제를 함의하는 자본주의 경제 체제에 내재된 도덕적, 사회적 악은 부정할 수 없으며, 그러한 결함을 가진 자본주의 체제는 마르크스가 자유민주주의 사회의 모든 병, 불행, 즉 악의 가장 근본적인 원인으로 간주하여 파괴하려 했던 바와 같이 반드시 개선되고 제거되어야 한다. 그러나 공산주의 사회의 경제는 자본주의 사회와 비교해서 상대적으로 너무나 열악하고 비참했다는 사실은 새삼스럽게 말할 필요도 없다. 오늘날 너무나도 비참한 북한의 경제 사정, 그에 따른 핍박, 고통만큼 이러한 사실을 입증하는 것은 없다. 어떤 구실도 헛된 변명에 지나지 않으며, 사정은 전혀 달라지지 않는다. 공산주의, 특히 북한에서 나타난 공산주의는 문자 그대로 악몽이다. 그곳의 모든 현실이 적나라하게 드러나 오늘 이 시점에서 조그만 양심이라도 있는 사람이라면 아무도 이러한 현실을 감추거나 변명할 수 없다.

어째서 이렇게 됐을까? 그 이유는 마르크스주의가 이상과 이론을 현실과 과학으로 착각한 데 있으며, 이러한 착각은 마르크스주의의 관념적 매력과 그것의 허상, 즉 현실과의 괴리에 기인한다. 그러나 마르크스와 마르크스주의자는 일종의 낭만적 몽상가들이었다는 사실에는 변함이 없다. 우리는 이제 살아남기 위해서라도 몽상에서 깨어나야 한다. 우리는 이제부터라도 좀더 이성적으로 현실을 보고 문제를 생각하고 행동해야 한다.

그런데도 유일하게 한반도, 아니 잿더미에서 일어나서 근대화에 성공하고 민주화를 성취하여 세계 제일의 IT 국가를 구축하고, 세계 11위권의 경제 강국으로 성장한 바로 오늘날 한국의 하늘과 몇몇 한국인들의 마음속에, 마르크스가 공산주의라고 불렀고, 데리다가 마르크스라고 명명한 유령의 형태가 커지고 그 수가 늘고 있어 보이며, 그것들이 떠도는 빈도와 횟수가 급속도로 늘고 있다. 어째서일까? 그것은 한국이 마르크스라는 유령의 마법에 홀려 잠에서 아직 깨어나지 않고 있기 때문이며, 장자(莊子)처럼 자신이 나비를 꾸고 있는지 아니면 나비가 자신의 꿈을 꾸고 있는지를 모르고 있기 때문이다.

[『월간 우리 길벗』(2007년 1월호)]

주체 사상의 정체

요즘 '주체(主體)'란 개념이 정치적 감옥에서 석방되어 푸른 하늘에 높이 떠 있고 '주체 사상'의 깃발은 환호 속에서 젊은 광장에 날리고 있다.

'주체'라는 말이 한 개인의 자율성을 의미하고 한 국가의 자주성을 뜻한다면, 이 말이 애당초 정치의 감옥 속에 갇혀 있었던 것은 잘못이다. '주체 사상'이 개인적으로나 사회적으로나 국가적으로 자신의 존엄성을 지키겠다는 의지라면, 주체 사상의 깃발은 침침한 벽장 속에 접힌 채 숨겨두었던 것이 처음부터 잘못이다.

이 말과 이 개념들이 우리 사회에서 오랫동안 금기로 되어 왔었다면 그것은 우리 사회가 정치적으로 자유롭지 않았음을 입증하고, 국가나 사회적 차원에서 우리의 존엄성이 짓밟혔음을 반영한다.

우리나라는 그동안 각 개인의 주체성이 정치적으로 억압되어 왔다. 북한에서는 말할 필요도 없고 남한에서도 개인적 자유, 특히 정치적 자유가 때로는 지나치게 탄압을 받아왔다.

국가 차원에서도 마찬가지다. 어느 국가도 절대적 독립은 불가능하다. 한 국가는 다른 국가와 피할 수 없는 힘의 상호 관계 속에 얽혀 있기 때문이다. 그러나 한 국가, 한 민족으로서 우리의 사정은 좀 특수했다. 특히 지난 한 세기를 통해 우리는 정치·경제·군사적으로, 그리고 문화적으로 우리들보다 강력한 외부 세력에 의해 크게 흔들리고 때로는 제약과 통제를 받으며 살아왔다. 한때 우리는 민족적으로 우리의 자주성과 존엄성을 약탈당한 뼈아픈 고통과 슬픔을 견뎌야만 했다.

이런 상황을 의식하고 이런 경험을 잊지 않을 때 우리는 아무리 '주체'를 부르짖고 '주체 사상'을 회복하고 지켜야 한다고 아우성쳐도 충분치 않다. 우리는 한국인이라는 사회 안에서 각자가 정말 주체로서 살 수 있어야 하고 세계라는 더 큰 사회 안에서 민족적 그리고 국가적으로 진정한 독립을 할 수 있어야 한다. 개인적으로는 자신의 자유로운 결정대로 살아갈 수 있어야 하고 국제적으로는 정치·경제·군사적 그리고 문화적 주체를 더욱 지킬 수 있어야 한다.

그러나 만일 '주체'가 김일성의 전유물로 역설적이게도 '독재의 자유'와 '인민 전체의 집단수용소화'를 의미한다면 이 같은 아이러니는 지구상에서 더 이상 없을 것이다.

'주체 사상'이 김일성 부자의 세습적 지배를 정당화하기 위한 권력 체제와 지적으로는 물론 물리적으로까지 폐쇄된 사회를 지칭한다면 '주체'만큼 더 잘못된 가치를 나타내는 낱말도 생각하기 어렵고, '주체 사상'만큼 더 큰 규탄의 대상이 될 것도 없을 것이다.

모든 말은 잠재적인 힘을 갖고 있다. '주체' 또는 '주체 사상'은 우리의 특별한 역사적 상황에서 각별히 엄청난 힘을 가질 수 있다. 그것들은 생각만 해도 우리를 남달리 자극하고 흥분시킨다. 주체성은 각별히 한국인에게만 중요한 가치가 아니다. 그것은 모든 인간에게 가장 귀중한 원초적 가치다. 주체성을 잃은 인간은 참다운 인간일 수 없기 때문이다. 그러므로 주체 사상은 유독 한국인만이 지켜야 할 사상이 아니라 모든 민족, 모든 국가의 전제가 된다.

'주체'와 '주체 사상'이 각별히 우리 한국인들에게 올려오고 흥분시킬 수 있는 이유는 우리 민족이 다른 민족들보다 유난히 자신의 존엄성을 요구하기 때문일 수 있으며, 남달리 오랫동안 다른 민족에 의해 간접 또는 직접으로 구속과 억압을 당해왔기 때문일 것이다.

김일성이 '주체 사상'을 내걸고 민족적 자주성, 국가적 자족성, 문화적 독립을 운운하면서 자신의 독재적 권력의 향락을 위하고 국토 전체를 수용소로 만들고 완전히 허위의 이야기만 강제적으로 들려주는 데 성공했다면 그는 언어의 가장 뛰어난 마술사임에 틀림없다. 그의 입에서 나올 때 '주체 사상'은 원래의 뜻을 잃고 엄청난 선동적 마력만을 발휘할 뿐이다.

'주체'라는 말은 이제부터라도 원래의 뜻을 회복해야 한다. '주체 사상'이라는 개념은 김일성이라는 악몽에서 깨어나야 한다. 주체는 개인이 갖고 있는 자유의 존엄성을 확인하고 확보하는 데 있는 것이고 그것이 어느 특정한 자의 독선주의를 의미하지 않는다.

주체 사상은 모든 국가·민족이 제각기 갖고 있고 마땅히 지향해야 하는 정치·경제·문화적 독립에의 의지를 뜻한다. 그것이 다른 국가나 민족을 거부하는 배타주의와 혼동되어서는 안 된다. 나뿐만 아닌 모든 개개인의 자유와 존엄성을 인정할 때만 나는 비로소 주체로서 존재할 수 있다.

내 민족과 내 국가뿐만이 아닌 다른 모든 민족과 국가들의 권리를 인정했을 때 내 민족과 국가는 주체 사상에 투철할 수 있다.

주체가 중요한 의미를 갖고 주체 사상이 정말 귀중하다면, 그것은 특정한 한 개인이나 특정한 한 민족과 국가에만 적용되는 특수성 때문이 아니라 모든 인간과 모든 민족과

국가에 다 같이 적용되어야 하는 보편성을 갖고 있기 때문
이다.

[『세계일보』(1990년 5월 19일)]

반체제의 체제화

광주 학생의 봉기가 없었더라면 더 가혹한 일제의 식민지 정책에 우리의 민족적 자존심은 상처를 받았을 것이다.

만일 4·19 학생 운동이 아니었던들 무능하고 부패한 이승만 정권은 그만큼 더 연장되었을 것임에 틀림없다. 학생들의 끈질기고 희생적인 화염병의 저항이 없었던들 부패했던 5공의 독재 정권은 그만큼 더 국민에게 고통을 주었을 것임을 부정할 사람은 아무도 없다.

6공 이래 정치적 민주화의 문이 어느 정도 열리고 노동자들의 인권과 분배 정의에 대한 의식이 높아졌다고 한다면, 그것은 결정적으로 학생들의 도덕적 분노와 용기에 힘입었다 할 수 있다. 현재도 학생 운동이 지속되고 있지 않다면 한국의 역사는 후퇴할 가능성이 많다. 이런 사실로 한국 학생 운동의 위대한 가치는 더 이상 증명될 필요가 없다.

권력은 언제나 부정부패의 씨를 담고 있기 때문에 권력의 온상인 체제는 항상 감시되고 비판되어야 한다. 체제가 권력자들이 악용하는 도구로 변할 때 그것은 마땅히 규탄되고 개혁되거나 아니면 파괴되고 분해되어야 한다. 그래서 경우에 따라 반체제는 정당화된다. 그뿐만 아니다. 언제 어디서 선을 그어야 하는가의 어려운 문제가 남아 있긴 하지만, 때로는 그러한 목적을 위해 물질적 행동을 택하는 것은 사회인으로서 모든 사람의 도덕적 의무이기도 하다.

한국의 학생 운동은 반체제, 특히 정치적 반체제라는 특징을 두드러지게 지니고 있다. 그러므로 그 운동도 이와 같은 맥락에서 해석되고 설명되며 높이 평가되어야 한다.

그렇지만 모든 사회적 질서, 모든 정치 체제가 한결같이 나쁜 것은 아니다. 모든 체제가 부정되거나 파괴되어서는 안 된다. 어떤 종류든 간에 체제는 사회적 동물로서 인간의 존재 조건이기 때문이다. 설사 어떤 기존 질서가 지탄받고 더 나아가 새로운 체제로 대체되어야 한다고 확신된다 해도 물리적이며 폭력적인 수단이 정당화되지는 않는다. 아무리 좋은 목적이라도 그것을 위한 모든 방법이 정당화되지는 않는다.

지난 몇 년 동안 이른바 '운동권'에 의한 학생 운동은 과격화하고 이른바 '의식화'는 확대되어 가고, 그것은 이른바 '이론화'되어 널리 조직화해 가고 있다. 거의 매일같이 경찰들의 최루탄에 맞서 머리에 띠를 두르고 화염병을 던지는 학생 데모대의 모습을 가슴 아프게 봐야 한다.

숨겨져 왔던 그들의 이론의 윤곽이 조금씩 더 확실해지고 있다. 대학의 많은 신입생들은 마치 어느 밀교에 들어가기 위해 어떤 과정을 거쳐 의식을 치르듯이 '운동권'이라고 부르는 한 '동아리'에 들어가 학생 운동의 이론을 습득해서 '의식화'된다. 그 '동아리'는 종적으로 상하급생 간의 면밀한 조직으로 엮어지고 횡적으로 대학들 간의 조직으로 체계 있게 조직이 확대된다.

그들은 일반 사회인들보다 더 적극적으로 사회에 참여하고 정치인들보다 더 정치적 힘을 행사하고 노동자들에 지지 않게 앞장서서 노동 운동에 참여하고자 한다. 학생들은 한국 사회의 어느 계층보다도 강력한 정치 사회의 세력이 되기를 공공연히 지향한다. 한마디로 현재 학생들은 반체제화하고 있다는 판단이 든다.

학생들의 진실성과 그들의 도덕적 신념을 조금이라도 의심하거나 부정하지 않는다. 이런 점에서 학생들은 한국에서 유일하게 남은 양심이며 그만큼 존경받아야 할지 모른다. 그들의 용기는 격려되어야 한다.

그러나 진실한 태도나 한 사람의 확신이 전부는 아니다. 아무리 진실한 확신도 착각일 수 있으며 나의 진실한 확신

과는 정반대지만 남들도 나와 못지않게 진실한 확신을 주
장할 수 있기 때문이다. 남의 진실한 확신을 의식하지 않을
때 한 사람의 진실한 확신은 무서운 독선으로 변모한다.

모든 폭력이 나쁜 것은 아니다. 그러나 '운동권' 학생들
이 정당하다고 믿고 있고 지속적으로 거의 의식화되어버
린 '화염병'의 폭발이 반드시, 언제나 정당화될 수 있는지
의심스럽다. 어떤 선의의 운동을 위해 넓고 짜임새 있는
조직이 필요할 때도 있겠지만, 반체제를 위한 그 조직과
운동이 이제 또 하나의 체제로 굳어간다면 반체제 운동이
부정하는 기성 체제 못지않게 경직된 체제가 될 것이다.
이 새로운 체제는 밖으로부터 비판됨을 처음부터 용납하
지 않으려는 경향을 갖고 있기 때문이다.

한국의 현 정치 사회 체제는 아직도 큰 수술을 받아야
하지만 학생 운동 자체가 체제화되어서는 안 된다. 민주화
의 길이 아직도 창창하지만 그 수단이 비민주화되어서는
안 된다. 어떤 부당한 특권을 제거하는 작업에 학생들이
필요하지만, 학생들 자신이 새로운 특권층을 형성해서는
안 된다.

[『세계일보』(1990년 6월 9일)]

사회주의 붕괴를 보며

처음부터 사회주의자들은 자신들의 이념이 옳다는 것을
의심하지 않았고, 사회주의의 승리가 역사의 필연성이라
고 믿어왔다. 몇 년 전까지만 해도 세계 지도는 붉은 색깔
이 더욱 번져가고 있다는 인상을 주었다.

그러나 역사는 예측을 완전히 뒤집고 전혀 다른 각도로
회전했다. 이른바 사회주의 국가들이 도미노 현상처럼 우
수수 무너져가고 있으며, 사회주의 제국인 소련이 거의 붕
괴 직전에서 아우성치고 있다.

나는 사회주의의 붕괴를 열광적으로 환영한다. 그 환영
의 주된 이유는 사회주의 체제 속에서 신음하는 사람들을
위해서다. 한국전쟁의 쓰라림을 체험했고, 스탈린의 가혹

한 지배 아래에서의 소련에 관한 이야기를 익히 알고 있고, 역사상 그 예가 없는 김일성의 철저한 1인 독재를 넘겨보고 있으며 또 몇 년 전 유럽의 몇몇 사회주의 국가에 가서 그곳 사회를 눈으로 보고 귀로 듣고 손으로 접해볼 수 있었기 때문이다.

우리가 구체적으로 알고 있는 사회주의는 정치적으로 철저한 독재를 의미하고, 문화적으로는 독단을 뜻하고, 사회적으로는 폐쇄를 뜻하며, 경제적으로는 빈곤을 의미할 뿐이다. 그것은 또한 정신적인 것에 대한 철저한 통제와 억압을 뜻함에 지나지 않는다. 구체적으로 나타난 결과만을 본다면 사회주의는 마땅히 거부되고 대체되어야 한다.

그러나 이른바 사회주의 사회에서 목격할 수 있는 결과만 보고 무조건 사회주의를 송두리째 버려야 하는가. 사회주의가 원래 뜻하는 바를 완전히 잊어야 할 것인가. 어쩌면 사회주의가 진실로 의도하고 있는 바는 아직도 소중히 간직되어야 한다고 말할 수 없을까.

어쩌면 우리가 목격해온 뼈아픈 결과는 사회주의 이념의 시행착오에서 왔거나 아니면 소수의 정치인들에 의해서 악용되었기 때문이라고 볼 수 있을 것이다. 아니 어쩌면 사회주의는 인간의 현실에 대한 냉정한 사실을 무시했기 때문에 결과에서 뿐만 아니라 이론으로서 잘못됐을지 모른다. 그러나 설사 이런 점을 인정하더라도 더러는 사회주의의 밑바닥에 깔려 있는 동기만은 역시 계속해서 높이 사고 간직해야 할는지 모른다.

　사회주의는 자본주의와 대립된다. 현재 동유럽의 국가에서 일어나고 있는 개혁은 곧 다소간의 자본주의 체제의 도입을 의미한다. 그러나 사회주의는 정치적 또는 경제적 이론이기 전에 하나의 도덕적 자세다. 이와는 달리 자본주의는 정치적 또는 도덕적 문제와도 관련은 있으나 근본적으로 명제적 이론에 불과하다. 사회주의가 도덕적 입장에서 재물의 공평한 분배에 초점을 두고 있는 데 반하여 자본주의는 도덕적인 문제와는 상관없이 오로지 경제적인 관점에서 재물의 효율적인 생산에만 눈을 돌린다.

　인간 사회에는 언제나 강자와 약자가 있어 후자가 전자에 의해 지배되어 왔고 부자와 빈자가 있어 언제나 평등하지 않았다. 강자가 힘으로 약자를 지배했다면 그것은 도덕적으로 옳지 많으며, 부자가 빈자를 부당한 방법으로 불공평한 관계를 만들어냈다면 그것 역시 도덕적으로 옳지 못하다. 자본주의적 산업화와 더불어 현대 사회에서 부자와 빈자의 거리는 천문학적으로 벌어져 있다.

　이런 상황에서 약자와 빈자에 무관심하고 평등과 정의라는 도덕적 가치에 무감각하다면 그러한 사람은 도덕적으로 보아 인간일 수 없다. 재물의 공평하고 정당한 분배를 주장하는 자본주의의 본래의 목소리는 도덕적 분노의 음성에 지나지 않으며 각 인간의 존엄성을 되찾는 고함소리에 불과하다.

그것은 또한 오로지 인간에게서만 발견할 수 있는 이성의 주장이며 오직 인간에게서만 찾을 수 있는 고귀한 도덕적 관점이다.

인간은 이성적이기에 앞서 본능적이며 도덕적이기에 앞서 이기적인지 모른다. 그러기에 이성적이고 도덕적이기 위해서는 통제와 억압이 필요했을는지 모른다. 그리하여 인간의 존엄성을 찾아 이성적이며 도덕적인 사회를 만들자는 사회주의는 결과적으로 인간의 주체성, 그의 자율성을 억압함으로써 인간의 존엄성을 말살할 사회로 되어가고 있는지 모른다.

인간은 이기적 욕망, 남보다 우월하고 남을 지배하려는 권력에의 욕망에 자극되지 않고는 자신의 최선을 다하지 않는 동물인지 모른다. 그래서 치열한 경쟁을 전제로 하는 자본주의 사회가 아니고서는 가장 효과적인 재물이 생산되지 않을지도 모른다.

사회주의의 잘못된 실험이 있어온 지난 70년간의 세계 역사를 되돌아볼 때, 그리고 현재 급속도로 진행되고 있는 사회주의 붕괴 과정은 결국은 결과적으로 사회주의에 미래 자본주의의 현실성과 우월성을 구체적으로 입증하는 것으로도 볼 수 있다.

그러나 좀더 냉정히 생각해보면 자본주의의 향연을 벌여놓고 나 자신만의 물질적 풍요만 노래하고 나 자신만의 물질적 자유에 도취하여 어느 그늘에서 울고 있는 빈곤한

이웃, 빈곤하기 때문에 자유롭지 못한 사람들에게 무감각해서 될 것인가. 사회주의가 무너진다고 해서 자본주의에 깔려 있는 이기심과 동물적 본능만을 구가해서 될 것인가. 독재와 빈곤과 억압을 낳게 된 사회주의의 붕괴 장면을 바라보면서 우리는 높이 축배를 들어야 하겠지만, 그와 동시에 사회주의의 깊은 밑바닥 속에 있는 도덕적 의도를 조금이라도 잊어서는 안 된다.

그러기 위해서 자본주의 체제 안에서 정의, 평등, 모든 인간에 대한 존엄성이 존중되는 도덕적 자세와 여러 가지 제도적 장치가 더욱 요청된다. 사회주의의 체제적 구성물을 없애려고 그 속에 들어 있는 도덕적 진주까지 버려서는 안 된다.

[『세계일보』(1990년 4월 28일)]

문민 시대의 학생 운동

　지난달(1993년 7월) 29일, 5만 명이라는 놀라운 숫자의 학생이 모여 축제 같은 분위기 속에서 '한총련'을 결성했다. 곧이어 옛날과 전혀 다름없이 화염병과 최루탄이 교차되는 가운데 가두 시위가 있었다. 텔레비전 저녁 뉴스에서 이런 장면을 바라보면서 학생 운동 일반 그리고 특히 한국 학생 운동의 의미를 다시 한 번 깊이 생각하지 않을 수 없다. 그것을 빼놓고 우리의 현대사가 이해될 수 없을 만큼 학생 운동은 한국사에서 중요한 역할을 했다.

　1919년 3·1 독립 운동과 1929년 광주 학생 운동의 역사적 중요성을 책으로 배웠다. 필자의 세대는 해방 후 6·25 직전까지 좌우 학생들의 정치 운동에 스스로 가담해야 했었고 이승만 정권의 종말을 가져왔던 4·19 학생 운동을 지켜보면서 뜨거운 박수를 보냈다. 30년간의 군사 정권 아래에서 학생 운동은 더욱 조직화되어 과격해질 수밖에 없다는 이유는 납득될 수 있었다. 눈을 찌르고 숨을 막는 최루탄의 연기로 자욱한 서울 거리에서 돌과 화염병을 터뜨리고 몽둥이를 휘두르며 전경과 싸우는 학생들의 모습을 거의 매일 바라보면서 가슴 아팠지만, 양식 있는 국민들은 은근한 격려의 박수를 보내왔다.

지금까지 있어온 한국 학생 운동의 중요한 특색은 점차적으로 조직이 강화되고 극렬해지면서 중요한 정치적 실세력으로 체제화되었다는 데 있다. 그러면서 한국의 학생 운동은 독립을 실현하는 데에 어느 정치 단체, 어느 종교 단체, 어느 언론 기관 그리고 어느 노동조합도 이룩할 수 없는 정치적 성과를 이룩하지 않았던가. 학생 조직이야말로 아무도 이룩할 수 없는 민족적 과업을 성취하는 데 긍정적으로 기여할 수 있는 유일한 정치적 세력이었다. 이런 점에서 지금까지 한국의 정치적 학생 운동은 정당화될 뿐만 아니라 반드시 필요했었다. 만일 이러한 학생 운동과 그들의 희생이 없었던들 한국민의 민족적 자존심은 그만큼 훼손되었을 것이며 역대 독재 정권은 아직도 계승되어 현 문민 정권은 존재하지 못했을 것이다. 한국의 지난 역사를 볼 때 학생 운동은 결정적으로 중요한 긍정적 의미를 갖는다.

그럼에도 불구하고 정상적 사회에서 정치적 학생 운동이 있어야 할 근거는 없다. 그러한 학생 운동은 원칙적으로 바람직한 현상이 아니다. 그것은 비정상적 사회에서나 생길 수 있는 비정상적인 현상이기 때문이다. 학생은 어디까지나 학문을 닦는 집단을 가리키는 범주이지, 정치가도 종교가도 아니며 언론인도 노동자도 아니기 때문이다. 적어도 안정된 정상적 사회에서는 그렇다.

정치적 학생 운동이 의미를 갖는 것은 외세에 의해 민족적 독립이 위협을 받거나 독재 정권에 의한 탄압을 당하거나 지배층의 도덕적 부패에 의해 사회 정의가 유린된 비정상적 사회일 때만이다. 민주적 문민 사회야말로 현대적 시각에서 볼 때 가장 정상적인 사회다.

민주적 문민 사회를 대표해주는 서구 선진국에서 한국에서와 같은 학생 운동을 볼 수 없는 사실이 바로 이와 같은 논리를 실증해준다. 물론 한국 외의 선진국을 포함한 다른 나라에서도 학생 운동은 있었다. 가령 1960년대 일본 좌익계 학생들의 폭력적 운동이 있었고, 미국을 비롯한 서방 선진국들에서 이른바 카운터 컬처, 즉 반기성 체제 운동이 1960년대 후반에서 1970년대 초반까지 있었다. 더 가까운 예로는, 벌써 10년이 지났지만 '천안문 사건'으로 알려진 북경의 대대적 학생 운동이 있었다.

그러나 그 이유가 어디 있었던 간에 이런 학생 운동은 언제나 비교적 일회적이거나 우발적 현상으로 끝났다. 그러한 운동은 한국처럼 몇 십 년을 지속했던 것도 아니고 그런 운동을 위한 학생 조직이 한국 학생의 경우처럼 지속 적으로 강화되어 존속하지도 않았다. 이런 사실의 이유를 꼭 한 가지 이유로만 설명할 수 없지만, 적어도 선진국의 경우 그것은 민주적 문민 정부를 갖고 사회 정의가 비교적 성취되어 있다는 사실로써 설명된다.

우리의 전 역사를 통해서 그 유래를 볼 수 없는 민주적 선거에 의해 처음으로 정통성을 가진 문민 정부가 들어선 지 3개월이 좀 넘었다. 그뿐 아니라 새 정부는 국민의 절대 적 호응을 받는 가운데 과감한 사정의 칼을 들고 명실 공히 민주적이고 정의로운 사회로서의 신한국 건설에 대담한 개혁의 박차를 기하고 있다.

이런 정치와 사회 상황에서 얼마 전까지만 해도 도덕적 으로 정당화되고 민주적 국민의 박수를 받았던 학생들의 과격한 정치 운동의 이유는 이제 사라졌다. 시민들은 더 이상 화염병의 불꽃에, 더 이상 최루탄에 아픈 눈을 닦지 않게 되었다는 데서 비로소 우리도 후진국의 문턱을 벗어 났다는 약간의 자부심을 갖게 됐다.

그렇기 때문에 놀라운 조직력과 규모를 과시한 한총련 결성식과, 전대협 당시와 조금도 다름없는 그들의 과격한 가두 시위는 그만큼 더 국민들에게 충격적이며 언뜻 그 이유가 설명되지 않는다. 이번 학생 단체 결성과 가두 시위 는 다 같이 얼른 납득할 수 없는 두 가지 방식으로만 설명되고 정당화될 수 있다.

첫째, 군사 독재 타도의 구실을 이미 상실하게 된 현 정치적 상황에서 방대한 정치적 학생 조직과 저항적 정치 행동은 무조건 남한 정권과 체제의 전복이라는 목적에 의해서만 설명되고 정당화될 수 있을 것 같다. 그리고 이른바 사회주의 체제를 갖춘 국가가 자체적으로 완전히 붕괴한 오늘날 사회주의 이념에 매달린다는 것은 너무나도 시대 착오적이다. 만약 그렇지 않다고 우긴다면 그러한 이념은 남한 민중의 민주적 의사가 결코 아닌 소수 집단의 독선적 주장에 불과하다. 따라서 그것은 결코 민주적으로 용납될 수 없다.

둘째 번의 이유를 들 수 있다. 민주적 문민 정치를 내걸고 국민의 절대적 지지 속에서 개혁을 추진하고 있지만, 새 정부의 통일에 대한 정책과 5·18 광주 민주 항쟁에 대한 입장이 학생들의 이념과 견해에 배치되기 때문이라고 주장할 수 있다. 그러나 민주적 문민 사회에서는 국가의 정책이 한 집단의 이념이나 입장에 맞지 않는다고 해서 그것을 결코 폭력적 방법으로 강요할 수는 없다. 학생 단체가 정부를 대신하려 해서는 안 된다. 자신의 신념은 민주적 절차를 통해서만 설득되어야 한다. 비록 그것이 학생 단체일지라도 진리와 정의는 결코 그 집단만의 독점물이 아니다. 물론 무한정 설득으로만 해결되지 않는 경우도 있다. 그러나 아직은 함께 더 생각해보고 더 기다릴 때가 아니겠는가.

오늘의 정치적 현실에서 학생 운동의 당위성을 재고할 필요성이 있다면 그 운동의 목적이 새롭게 설정되어야 하며 그 방법을 다시 한 번 생각해볼 필요가 있다. 학생 운동이 언제나 정치적이어야 할 이유는 없고 그 방법이 언제나 과격할 필요가 없다.

[『부산일보』(1993년 6월 13일)]

이념의 허상과 북한의 인권

　누가 뭐라 해도 지난 30여 년간 남한에서 일어난 반군사 독재 항쟁, 인권 운동, 사회 정의 투쟁, 민주화 운동, 노동 운동은 정당했다. 더욱 바람직한 사회 건설을 위해서는 이러한 운동과 항쟁, 투쟁이 끝나지 않고 앞으로도 끝없이 지속되어야 한다.

　그러나 놀랍고도 이상한 일은 김일성 공산 정권의 무자비한 독재와 김정일의 가혹한 인권 유린에 대해서는 항쟁은 물론 언급조차 되지 않았고, 때로는 그 주체들이 찬양의 대상이 되기도 하고, 그들의 정권과 그들의 지배 아래에서의 사회가 흠모의 대상이 되기도 했다는 사실이다. 이 같은 모순된 사실을 어떻게 설명할 수 있을까.

첫째로 운동권의 타도 대상이었던 남한의 군사 독재 정권이 반공을 국시로 했으며, 북한 정권의 이념인 사회·공산주의와 정면으로 배치되는 반공 이념을 구실로 정권을 유지하고, 수많은 부정부패, 불의, 탄압을 자행했다는 사실에서 그 단서를 찾을 수 있다. 북한 정권에 대한 비판은 곧 남한의 반공 정권의 정당화로 생각되었을 것이다.

그러나 이러한 논리에는 오류가 끼여 있다. 나의 적의 적이 필연적으로 나와 동지가 되는 것은 아니다. 그도 똑같은 나의 적이 될 수 있다. 반공 정권의 독재와 불의가 비판의 대상이 된다면 공산 정권의 독재와 불의도 똑같이 규탄의 대상이 되어야 한다.

두 번째의 설명을 찾아볼 수 있다. 운동권이 취한 일관성 없는 태도는 이념에 의한 현실 왜곡에서 비롯된 것으로 볼 수 있지 않을까 생각된다. 운동권의 지배적 이념이 사회·공산주의적이었던 것으로 추측할 때, 적어도 명목상 사회·공산주의를 국시로 하는 김일성·김정일 정권을 비판한다는 것은 원천적으로 불가능한 것이었다. 이론상의 사회·공산주의는 어떤 개인이나 특정한 계층에 의한 지배나 착취가 없이 모든 이들이 평등하고 자유로운 사회를 이상으로 한다. 양심 있는 인간이라면 사회·공산주의를 반대할 이유가 없다. 문제는 사회·공산주의를 자처하는 권력이 과연 말대로 사회·공산주의적이냐는 데 있다. 대답은 명확하다. 결코 그렇지 않다는 것이다. 그러한 정권과 사회는 지금까지의 역사상으로는 어디에도 존재하지 않았으며, 붕괴 이전의 소련과 현존하는 중국은 왜곡된 사회·공산주의적 정권과 사회를 대표할 뿐이다. 꼼꼼히 들여다보면 김일성·김정일의 세습 정권은 가장 왜곡된 사회·공산주의를 대표한다. 이념의 허상에서 잠을 깨어, 냉철한 이성의 눈을 뜨고 사실을 사실대로 봤을 때만 비로소 참다운 사회·공산주의의 이상적 사회에 가까워질 수 있다.

더 이상 이념의 환각 속에 머물러 있을 수 없다. 더 이상 감출 수 없고, 더 이상 눈감을 수 없으며, 더 이상 침묵을 지킬 수 없다. 시방 북한에서는 수백만 명이 기아에 허덕이고 있고, 수십만의 굶주린 아이들이 마른 오징어 같은 모습으로 사선에 방치되어 있으며, 먹을 것을 찾아 집과 고향을 버린 수만 명의 탈북자들이 냉담한 이국땅에서 당국의 눈을 피해 다니다가 인신매매되거나 거지처럼 뒷골목을 헤매고 있다. 수만, 아니 그 이상의 정치범들이 자살할 자유도 없이 수용소에서 죽어가거나 목숨을 겨우 잇고 있다고 한다. 북한과 북한 동포의 이런 사태는 이미 여러 통로를 통해서 현장에서 직접 두 눈으로 목격되었고, 적지 않은 이야기를 통해서 전달되고 있으며, 적지 않은 영상 매체를 통해서 현실로 드러났다. 이념의 색안경을 쓰지 않은 어린애의 눈으로 보니 환상적인 옷을 걸친 김일성·김정일이라는 임금님은 벌거벗고 있다.

북한의 현실을 사실대로 직시함으로써, 기아로 죽어가

는 북한 동포들에게 식량을 공급해야 하며, 북한의 정치수
용소에서 죽어가는 이들을 하나라도 더 구출해야 하고, 냉
담한 이국의 벌판에서 끼니를 찾아 짐승처럼 헤매는 탈북
동포들에게 구호의 손길을 뻗어야 한다. 그것은 모든 이념
을 훨씬 초월해 동포로서, 인류로서 우리가 맡아야 할 최소
한의 도덕적 의무와 책임이다. 한반도의 통일과 한민족의
밝은 21세기는 이와 같은 의무와 책임을 다했을 때만 희망
적으로 전망할 수 있다.

[『바꿔, 바꿔』, 민음사(2000년)]

한국전쟁 휴전 40년

어제로 한국전쟁 발발 43주년을 맞았다. 어느덧 반세기 가까운 세월이 흘렀건만, 매년 이 날을 맞이할 때마다 가슴은 더욱 아프고 감개가 새삼스럽다.

빈곤, 공포, 아니 굶주림과 죽음의 나날과 싸워야 했던 피묻은 3년간의 아픔이 다시금 생생히 피부에 되살아옴을 억제할 수 없는 필자는 고통스러운 감상에 빠지고 만다. 어떻게 보면 빨리 흘러간 것 같지만 휴전 후 오늘까지의 그 세월은 개인적 삶에서 볼 때는 말할 것도 없고 한 민족의 역사에서 볼 때도 꽤 긴 시간이다. 국토의 분단과 아울러 민족의 비극적 분단을 장구화하는 결정적 계기가 되었던 한국전쟁, 벌써 약 반세기 동안 우리 민족의 수많은 고통의 씨가 되었던 민족의 분단, 이미 역사에 묻힌 과거의 사건들이지만 그것들은 생각만 해도 가슴을 쓰리게 한다. 그것들이 남긴 상처는 너무도 크고 깊다.

긴 40년, 그 40년이 종전이 아니라 휴전의 40년임을 의식할 때 우리는 새삼 놀라며 분단된 조국의 아픔을 더욱 느낀다. 민족적 악몽이었던 한국전쟁의 포화가 그친 지 40년이 지난 오늘, 우리의 땅 한반도는 법적으로는 아직도 휴전 상태에 있으니 말이다. 일제의 멍에를 벗어나던 바로 그 해방의 날로부터 우리의 국토는 신라 통일 후 처음으로 남북으로 갈라져 있고 이념적으로 그리고 군사적으로 대결을 계속하고 있다. 다른 국가와는 가까이 하면서도 동족끼리는 아직도 대결하고 있는 것이다. 한반도에는 통일은 물론 평화도 아직 없다는 것이다. 우리와 때를 같이해서 국토가 양분되었던 베트남과 독일이 통일을 되찾았다. 분단된 나라는 오직 우리뿐이다. 오직 우리 민족만이 혼자 남아 분단의 고통을 견뎌야 한다는 사실을 인식할 때 우리의 고독한 분통감은 폭발할 듯싶다. 우리의 운명이 안타깝다. 우리는 어쩌다가 무엇 때문에 누구를 위해 갈라져 싸워야만 했던가.

우리는 통일을 원한다. 통일 신라 이후 1300년의 전통대로 하나의 국가, 하나의 민족, 하나의 문화를 다시 찾고 그렇게 남고 싶다. 우리는 평화로운 하나의 한국, 자유롭고 풍요롭고 아름답고 정의로운 하나의 당당한 자주적 민족으로서 살고 싶다. 이것은 남과 북을 떠나서 모든 국민들의 순수한 염원이다. 우리들의 낭만적인 감정은 어떠한 대가를 치르고서라도 당장 통일을 이룩하고 싶다.

그러나 우리는 또한 알고 있다. 베트남이 통일을 위해 바친 희생이 얼마나 고통스러웠던가. 몇 년 전 사회주의 체제의 붕괴와 더불어 자의에 의해 평화적으로 통일을 이룬 독일이지만, 서독의 막강한 경제력에도 불구하고 독일 전 국민은 예상 이상의 고통스러운 통일의 대가를 지불하고 있다는 사실에도 어둡지 않다. 과연 베트남의 통일은 그러한 희생을 치를 만한 가치가 있었던가. 현재 독일의 통일이 조급했었다고 생각하는 독일인이 적잖지 않은가.

이런 객관적 상황에서 볼 때 현재 상황에서 우리가 남북 통일을 바란다면 그것은 냉정한 눈으로 볼 때 감상적이라는 판단이 설 수 있다. 그렇다면 도대체 무엇 때문에 우리는 꼭 통일을 해야 하는가를 차분히 분석해볼 필요가 있다. 남북이 서로 다른 체제를 가진 분단된 상황 속에서 각기 사회가 안정되고 물질적으로 만족스럽다면 도대체 무엇 때문에 통일을 위한 혼란과 불안을 새삼 겪어야 하는가라는 의문이 나올 수 있다. 어떤 의미로 민족주의가 자기 중심적인 집단이기주의의 한 형태라면 통일에 대한 소원이 민족주의적 감정으로 정당화될 수 없지 않겠는가. 그러나 통일이 민족적 숙원으로 간직되어야 할 명확하고 타당한 이유가 있다. 우선 통일된 하나의 한국은 모든 한국인의 이성적 판단에 앞선 정서적 소망이다. 그것은 머릿속에 든 관념이기에 앞서 피와 살의 원초적 요청이다. 같은 땅 한반도에서 같은 조상을 모시고 같은 말을 쓰고 살면서 같은 문화를 일구어 왔다는 사실만으로도 한국민의 이러한 정서적 요청은 충분히 설명된다. 분단된 우리가 반쪽 불구처럼 느껴지는 이유도 바로 여기에 있다. 이런 감정을 '민족적'이라 불러도 좋고 이런 뜻으로 우리를 '민족주의'라 부른다면 도덕적으로도 우리는 당당하다.

정서적 이유에서만 통일을 바라는 것은 아니다. 냉혹한 객관적 이유도 있다. 객관적 사실은 일본, 중국 그리고 러시아 등의 이웃들이 과거에도 그랬지만 현재나 앞으로 우리의 독립을 위협하는 세력이 아니면 우리들과 치혈한 경쟁을 하는 강대국이라는 것이다. 이들 국가 집단의 바탕은 언어 · 문화 · 역사 · 전통 그리고 인종에 뿌리박고 있다는 사실을 잊어서는 안 된다.

개별적 인간들을 하나의 큰 공동체로 묶는 결집력은 관념이 아니라 공동 체험의 역사다. 국가는 이념에 앞서 민족이라는 피와 전통에 의해 묶인 이익 공동체다. 이러한 사실은 우리의 주위를 둘러보면 쉽게 알 수 있다. 이스라엘과 아랍 국가 간의 오랜 갈등, 최근 구소련과 유고슬라비아 그리고 아프리카의 여러 국가에서 생기는 인종적 분쟁들이 그 증거다. 이런 사례가 인간이란 문명의 탈을 쓴 동물에 지나지 않음을 새삼 드러냈다 해도 그것은 엄연한 어쩔 수 없는 객관적 사실이다.

이제 왜 우리가 통일되어야 하는가의 객관적 이유는 명백해졌다. 독립된 국가 민족으로서 고유한 문화를 자주적으로 지키고 살아가기 위해서다. 분단된 두 개의 개별적 국가로서 우리는 치열한 국가 간의 생존 경쟁에서 살아남기에는 너무 미약하다. 하나로 뭉칠 때만 우리는 비로소 당당한 자주 국가로서 우리의 자존심에 걸맞는 국제적 역할을 담당할 수 있다. 우리와 치열한 경쟁을 벌일 국가들은 태평양권에서만 보더라도 위의 세 나라만이 아니라 동남아의 여러 개발도상국들이 있다. 이런 것을 의식할 때 한반도의 통일은 한국인에게 절실하다.

문제는 통일의 책임과 방법이다. 분단의 책임이 그러했듯이 통일의 궁극적 책임은 우리 민족 자신에게 달려 있다. 방법은 평화적인 길뿐이다. 객관적 현실성을 무시한 다급한 통일은 한국전쟁보다도 몇 배의 가혹한 비극을 초래하고 잘못하면 남북이 함께 파멸의 벼랑에 굴러 떨어질 수도 있기 때문이다. 그러므로 통일은 반드시 평화적 방법으로 이루어져야 한다. 그러한 통일은 구체적으로 김일성 정권이 점차적으로 개방되고 마침내는 자체적으로 해체될 때만이 가능할 것 같다.

안타깝지만 지금 상황으로 보아 우리가 할 수 있는 일이란 그런 날이 올 때까지 조심스럽게 참고 기다리며 준비하는 것뿐이다. 그러나 한 가지 확실한 것은 그때가 올 때까

지 한국전쟁은 아직 휴전 상태라는 사실을 잠시라도 잊어
서는 안 된다는 것이다.

[『부산일보』(1993년 6월 27일)]

무장 공비의 기호학

무엇인가를 의미하지는 않는 언어는 언어가 아니며 동시에 언어는 반드시 무엇인가를 의미한다. 이때 '의미'라는 낱말의 의미는 무엇인가의 '대치'를 지칭한다. 가령 '개'라는 낱말의 의미는 실제로 존재하는 종으로서의 개들을 대치하고, '하늘은 푸르다'는 명제의 의미는 하늘이 푸르다는 사실을 대치해준다. 이처럼 무엇인가를 의미, 즉 대치할 수 있는 것은 '개' 또는 '하늘은 푸르다'와 같은 언어만이 아니다. 가령 거리의 '빨간 신호등'은 '정지하라'를 의미하고, 전직 두 대통령의 재판이라는 사건은 '김영삼 대통령의 역사 바로잡기'를 의미한다고 볼 수 있다. 언어나 인공물, 사건과 같이 무엇인가를 의미해주는 모든 것은 무엇이든 기호에 속한다.

동해안 무장 공비 잠수함 침투 사건은 우리에게 충격과 공포심, 북한에 대한 강한 경계심과 김정일의 전투적 공산 체제에 대한 분노심을 끓어오르게 했다. 그러나 이 사건은 그냥 심리적 혹은 생리학적 반응만을 일으키는 물리적 존재가 아니라 무엇인가의 언어적 의미를 갖는 하나의 기호로 볼 수 있다.

기호로서의 공비 사건의 의미는 단선적이 아니다. 그것에서 우리는 군사적·정치적·사회적·이념적 등 다원적 다양한 의미를 읽어낼 수 있다. 군사적 차원에서의 가장 직접적인 의미의 하나는 '북한군의 남침'이며, 정치적 차원에서 가장 명백히 드러난 의미의 하나는 '한반도 평화의 위협'으로 읽을 수 있고, 사회적 차원에서 뚜렷한 의미의 하나는 '남한의 심리적 불안'이 지적될 수 있고, 이념적 차원에서 가장 분명한 의미의 하나는 북한 공산주의 이념의 무자비성으로 언급될 수 있다.

좀더 인간적인 시각에서 볼 때 이번 공비 침투 사건은 실존적 차원에서 그 의미가 해석될 수 있다. 사살되었거나 자살한 동지들을 뒤로 하고 날로 목을 졸라매는 듯 좁혀드는 막강한 군사력을 가진 국군의 포위망 속에서 한 달 가까이 험한 오대산 숲 속을 숨어다니는 세 명의 공비의 모습을 상상해보자. 낮 동안에는 어딘가 비트에 숨어 목숨을 부지하고 있다가 밤이 되어 허기진 채 밖으로 나왔을 때, 그들의 눈에 산 아래 계곡에 자리 잡은 마을에 불이 켜져 있는 몇 개의 집들이 들어왔을 경우를 상상해보자. 모든 이념적 혹은 국적의 경계를 넘어 우리는 그들의 동물적 배고픔, 그들의 실존적 고독을 충분히 공감하고 함께 아파할 수 있다. 그들이 피할 수 없었을 죽음에 대한 공포와 삶의 현 상황에 대한 생각이 그들을 순간적이나마 철학적·종교적 으로 만들었으리라는 점을 충분히 상상할 수 있다. 그렇다 면 보도를 통해 알 수 있었던 이번 공비 사건은 어떤 면에 서는 가장 처절한 인간의 실존 상황을 뜻한다.

투항 권유를 받아들이지 않고 고통스러운 실존적 상황 속에서 견디기를 택한 무장 공비들의 모습을 상상할 때, 집단으로 동료에 의해 사살된 수명의 공비의 모습, 국군의 총에 사살되어 나체로 풀숲에 눕혀 있는 세 명의 공비의 모습을 영상에서 접했을 때 나는 이 공비 사건에서 또 하나 의 의미를 읽는다. 공비 사건은 한 인간이 다른 인간에 의 해 계획적으로 단순한 도구로 전략되어 무자비하게 당한 희생을 의미하며, 이념적으로 조작될 때 가능하게 되는 가 축과 같은 정신적 종속성을 뜻하며, 인간 정신 조작의 기술 의 가능성을 의미한다.

공비들은 단기적으로는 남한의 사회적 교란을 조작하기 위해서, 장기적으로는 김정일 정권의 공산화 통일을 수행 하기 위한 전력의 일환으로 몇 년 동안 가혹할 만큼 치열한 훈련을 받고 남파되었다. 그들이 남한은 물론 국제적 현실을 객관적으로 알 수 있었더라면 그리고 그들에게 자유가 있었더라면 그들은 그러한 남침 공비로서의 훈련을 거절했을 것이다. 만일 남한에 침투하기 전까지는 몰랐더라도 일단 남한에서 그들의 눈에 들어온 남한의 현실을 있는 그대로 받아들일 수만 있었더라도, 그들은 남한에 상륙하자마자 자수의 길을 택할 수 있었을 것이다. 그렇지 못하고 그들의 동료가 자살했거나 사살당한 뒤 오대산으로 도주하여 은신한 후에라도 군에서 뿌린 전단을 읽었다면 그들은 마을의 인가로 내려와 자수하여 목숨을 건질 것을 선택했을 것이다.

그러나 체포된 한 명의 공비와 현재도 도주중인 세 명의 공비를 제외한 22명의 공비는 이미 자살했거나 사살당했고, 나머지 세 명은 어디선가 굶주림과 추위로 병들어 이미 죽지 않았다면, 그들은 아직도 국군의 포위망이나 총알을 피해 험한 산 속을 짐승처럼 헤매고 있을 것이다. 그들이 겪는 육체적 고통과 상상을 넘는 실존적 고독이 애국의 이름으로 정당화되고, 처자를 두고 있는 젊은 그들이 생명을 바친 자기 희생은 노동당과 김일성에의 충성이라는 명목으로 정당화될지 모른다. 경우에 따라 한 국가의 존속이나 번영은 젊은이의 희생적 죽음을 요구한다. 때로는 어떤 옳은 이념이나 가치를 위해 죽음으로서라도 희생해야 한다는 것은 어쩔 수 없는 객관적 현실이다. 때에 따라서는 어떤 이념을 위해 희생된 짧은 삶은 그렇지 않은 긴 삶보다

고귀하고 값지다. 때에 따라 국가는 국가의 생존, 영광을 위해 자신의 젊은 아들들을 제물로 바쳐야 하고 그러기 위한 훈련을 시켜야겠다는 결론을 내려야 할지 모른다.

김일성 부자와 공산주의 이념에 의한 희생양으로 볼 수밖에 없는 무장 공비들에 대한 보도를 들으면서 제2차 세계대전 때 일본군에 조직되었던 소년항공특공대와 몇 십 년 전에 조직된 몸에 폭탄을 감은 반이스라엘 팔레스타인의 자살적 테러리스트 부대인 헤즈볼라가 머리에 떠오른다. 소년한공특공대원들은 태평양에서 혹은 동남아에서 일본 적과의 싸움에서 자진하여 군신(軍神)으로 사려졌고, 헤즈볼라 대원들은 몸에 감은 폭탄과 함께 죽는 길을 택하고 있다. 그것은 보기에 따라 일본의 국익과 팔레스타인들의 정당한 민족 독립 국가를 위한 것으로 볼 수 있다. 그렇다면 이 젊은이들의 희생적 죽음은 정당할 뿐만 아니라 고귀하다.

그러나 이러한 논리가 이번 무장 공비들의 자살적 행위를 정당화할 수는 없다. 그들의 희생이 한민족이나 한반도 통일을 위한 것이 아님은 물론 북한 인민의 자존심과 이익을 위한 것이 아니라 김일성·김정일 가족과 그 주변 무리들의 권력 유지를 위한 것이기 때문이다. 이러한 사실은 반세기 동안 절대 독재 아래에서 북한의 전 인민이 가장 기본적 인권을 빼앗긴 채 굶주리고 있다는 사실로도 충분히 알 수 있다. 그런데도 무장 공비들이 자수하지 않고 죽음의 길을 택한다는 것이 답답하다. 이러한 그들의 의식 상태가 조직적인 정치적 세뇌로 조작되었다는 것을 인정할 때, 김정일에 충성한다는 명목으로 젊은 나이에 비참한 죽음의 길을 택한 듯한 이번 무장 공비들의 의미를 읽는 마음은 더욱 안타깝고 아프다.

[『뉴스위크』(1996년 11월 13일)]

한총련 진단과 처방

　9월 18일자 보도에 의하면, 검찰은 한총련 연세대 시위 사건에 관련된 중간 수사를 발표했다. '친북 난동'으로 규정한 이 시위 사건에 관련된 438명의 학생이 우선 구속 기소될 방침이라는 것이다. 그 많은 젊은이들의 일생이 걸려 있다는 점에서만 보더라도 이 사건의 귀추가 주목된다. 그러나 한편으로는 쇠파이프를 휘두르고 화염병을 던지는 7000여 명에 가까운 이념적 집단과, 다른 한편으로는 최루탄과 장갑차로 무장한 경찰측의 격렬한 며칠 동안의 대결 끝에 한 명의 사망자와 적지 않은 부상자가 났던 만큼, 이번 한총련 사건은 개인적 차원에서 사법적으로만 처리될 수 없고, 그에 앞서 정치 사회적 차원에서도 그 심층적 의미 파악이 필요하다.

사회 정치적 의미를 갖는 한총련 사건은 당국의 시각처럼 부정적 진단이 내려져야 하는가? 만일 그렇다면 그 판단은 어느 쪽에서 어떻게 정당화할 수 있는가? 국가의 금지 사항임을 무릅쓰고 쇠파이프와 화염병으로 경찰과 대결하여 진행되었다는 점에서 이번 한총련의 집회와 시위는 분명히 위법적이며 폭력적이었다. 위법과 폭력이 모든 관점에서 다 같이 자동적으로 부정될 수는 없다. 도덕적 양심은 악법에 대한 저항과 악을 막는 최후의 수단으로서, 폭력을 거부하기보다는 오히려 긍정적으로 권장할 의무를 느낀다. 학생들의 위법적이며 폭력적 저항이 없었다면 지난날의 억압적 군사 독재 정권은 무너지지 않았고 오늘의 문민 정권은 서지 못했을 것이다. 이와 같은 맥락에서 한총련은 자신의 위법적 폭력 행위가 정당화된다고 확신하기 쉽다.

한총련의 의도는 민족 통일을 성취하자는 데 있다. 조속한 통일을 염원하는 한국인을 생각한다면, 비록 위법적이거나 폭력적인 방법을 써서라도 통일을 하겠다는 한총련의 주장은 정당화된다. 그러나 아무리 의도가 좋더라고 그 의도가 사실에 대한 왜곡된 인식에 근거한다면 그러한 의도에 근거한 위법적이며 폭력적인 행위는 물론 어떠한 행동도 도덕적 정당성을 가질 수 없다. 문민 정권이 들어선 우리의 정치적 현실은 군사 정권 때의 상황과 사뭇 다르다.

다 같이 통일을 원하면서도 그 방법에 대한 생각은 사람마다 다를 수 있다. 그러나 국민을 대표하는 정부의 입장과 일부 대학생을 대표하는 한총련의 입장이 다르다고 해서, 후자가 정부를 부시고 국가를 대신해서 직접 나설 수는 없다. 한총련의 주장은 그 의도가 아무리 순수하고 옳더라도 방법과 절차가 근본적으로 잘못됐다.

백 보를 양보하여 그들의 통일 의지의 순수성을 인정하거나, 천 보를 양보하여 그들의 목적인 이상적으로 평등하고 정직한 사회주의 국가로서의 한국의 통일 이념을 이해하고 더 나아가서 그것에 동조할 수도 있다. 그러나 만약 언론의 보도처럼 한총련의 신념과 의도, 주장과 행동의 밑바닥에 김일성·김정일에 대한 절대적 우상화와, 현재 북한 사회에 대한 무조건적 이상화가 깔려 있다면 한총련은 근본적으로 문제가 있다. 그런데도 그러한 한총련의 이념을 알게 모르게 추종하는 수많은 대학생들이 있다는 사실은 현재 한국 사회가 정치적 사회적으로 심각한 문제를 안고 있음을 극명하게 드러낸다.

설사 사회주의를 이상적 인간 사회의 정치적 이념으로 인정한다고 하더라도 반세기 이상을 철통같이 폐쇄한 상황에서 개인의 자유를 완전히 박탈하고 기아에 가까운 빈곤에 허덕이게 하는 오늘의 북한은 아무리 좋게 해석하더라도 이상적 인간 사회와는 거리가 너무 멀다. 절대적 독재자로서 개인의 숭배를 강요하면서 세습적으로 북한을 지배해온 김일성 부자는 위대한 지도자이기는커녕 결코 사회주의자일 수도 없고, 그들이 세계 역사에서 그 유례를 찾을 수 없는 폭군이라는 사실을 더 이상 은폐할 수 없다. 그런데도 이러한 환상에서 벗어나지 못한 한총련과 그 집단을 추종하는 학생의 수가 의외로 많았다는 사실이 큰 문제다. 문제의 적절한 해결을 위해서는 아무리 인기가 없더라도 한총련이 깔고 있는 신념이 환상이라는 것을 우선 극명하게 밝혀야 하고, 아무리 괴롭더라도 그러한 현상을 생기게 한 근본적 문제가 한국 사회에 있다는 것을 먼저 인정해야 한다.

한총련 시위로 드러난 오늘 우리 사회의 문제를 어떻게 설명할 수 있는가? 한총련 사건 직후 대학 총장들을 모아 놓은 자리에서 대통령이 주장한 대로 대학 총장이나 교수들에게만 그 책임을 돌릴 수 있는가? 결코 그렇지 않다. 젊은이들의 의식 교육의 책임은 총장이나 교수에 제한된 것이 아니라 부모, 가족, 이웃, 즉 사회 전체가 져야 한다.

한총련 시위에서 노출된 젊은 세대의 모습은 젊음과 떼어 생각할 수 없는 반항 심리에서 찾을 수 있을 것 같다. 영웅 심리가 작용했는가? 단순히 그렇지 않다. 그들은 과격한 행동을 통해서 무엇인가에 대한 저항을 하고 있는 것이며, 무엇인가에 대한 저항을 통하여 무엇인가에 대한 간접적 혹은 직접적 비판을 하고 있는 것이다. 그들의 비판 대상은 아직도 청소되지 않은 만연된 사회적 부패와, 날로 벌어지는 상대적 빈부의 격차, 더 추상적으로는 우리의 삶을 지배하는 천박한 물질만능주의가 아닌가 한다.

문민 정권이 들어선 직후 사정의 시원한 바람으로 고질적으로 만연된 사회적 부패가 약간 씻긴 것은 사실이나 여전히 우리의 권력 기관은 물로 사회 전체가 부패해 있다. 자본주의 사회라는 명목으로 정당화하려고는 하지만 우리 사회에서는 빈부의 차이는 날이 갈수록 심각하게 벌어지고 있다. 현재 사정에 대한 언급은 쑥 들어가고 거액의 뇌물을 받은 죄로 수감되었던 과거 정권의 거물들이 특사로 풀려나는 것을 지켜볼 때, 우리 사회가 공정하고 정의롭지 못하다는 사실에 분노를 느낀다. 이러한 상황에서 유치원부터 치열한 입시를 거쳐 대학에 다니는 대부분의 학생들의 앞날은 밝지 않을 뿐만 아니라 그들은 막막한 가운데서 여전히 생존을 위해 경쟁할 것을 강요당하고 있다. 여기서 그들은 삶과 사회에 환멸을 느끼고, 환상인 줄 알면서도 '사회주의'적 '평등 사회'를 자처하는 북한에 막연히 마음이 끌리는 것은 아닐까?

그렇다면 한총련 사건에 관련된 학생들에 대한 당국의 관대한 대처가 필요하다. 그와 동시에 정계와 대학의 일부에서 보인 입장과는 달리 이번 한총련의 폭력은 어떤 의미로서든 정당하지 못하며, 따라서 한총련 학생들의 냉철한 자기 반성이 절실하다. 그러나 더 중요한 것은 일시적인 대책이 아니라 근본적 해결책의 강구다. 그것은 보이지 않는 우리 사회, 특히 지배층의 큰 질병의 징후임을 인정하고 그것을 근본적으로 치료하는 것이다. 우리 사회는 부패와 불공평이라는 정치 사회적 암에 걸려 있다. 고통스럽더라도 그것을 수술해서 도려낼 사회의 총체적 결의와 방법의 구체적 모색이 있어야 한다.

[『뉴스위크』(1996년 10월 16일)]

공적 언어의 사적 왜곡
─ '기독교'와 '진보주의'의 경우

　언어는 언제나 공적으로만 존재한다. 사적 언어는 존재하지 않으며 사적으로 사용될 수 없다. 그런데도 어떤 공공의 재물이 특정 소수에 의해서 남모르게 도난되거나 강탈되어 그들의 정치적 목적으로 이용되듯이, 언어도 특정한 개인이나 집단에 의해 납치당해서 왜곡되게 사적으로 사용되는 경우가 적지 않다. 그러한 일을 눈에 띄게 당하고 있는 언어의 사례로, 특히 근래 우리나라에서 사용되고 있는 '기독교'라는 낱말과 오래전부터 전 세계에서 쓰고 있는 '진보주의'라는 낱말을 들 수 있다. 이러한 언어들의 공적 의미가 특정한 개인이나 집단의 정치적인 고의적 의도에 의해서 왜곡되어 사적 의미로 사용되고 있다.

먼저 '기독교'라는 말이 납치되고 왜곡되어 그 뜻이 오용되는 경우를 살펴보자. 언제부터인지는 모르지만 다른 나라에서는 그렇지 않은데 우리나라에서는 이상스럽게도 '기독교'와 '가톨릭교'가 서로 대립되는 말로 아무렇지도 않게 일부 계층에서 자주 사용되고 있다. 이러한 일이 고등 교육을 받지 못한 일부 사람들만이 아니라 일류 일간 신문이나 국영 방송 기자들 사이에서도 자주 볼 수 있는 현상이라는 데 문제는 더 심각하다.

일부 개신교들이 즐겨 사용하는 기독교와 가톨릭교라는 두 개념의 이와 같은 대립적 사용에는 개신교만이 기독교이고 가톨릭교는 기독교가 아니라는 명제가 논리적으로 함축되어 있다. 하지만 이러한 행위는 언어의 납치며 언어적 의미의 사적 사용이고 폭력 행위다. 지금 아무리 널리 사용되고 있다 하더라도 '기독교'라는 낱말이나 '가톨릭'이라는 낱말은 원래 이같이 사용되지 않았었고 사용될 수 없다. 위의 두 낱말들은 개념적으로 서로 대립될 수 없다. 이 낱말들의 개념적 대치는 논리에 배치되기 때문이다. 그런데도 그것들을 서로 대치되는 개념들로 취급하고 그러한 관점에서 그 낱말들을 사용한다면, 그것은 언어의 악의적 왜곡이며, 그러한 왜곡에는 어떤 이념적 독선과 언어에 대한 폭력 행위가 은밀히 숨겨져 있다.

원래 기독교는, 오래전부터 존재해왔던 가톨릭교, 그리

스정교, 러시아정교 및 16세기 가톨릭 신부였던 루터가 로마 가톨릭 교회에 반기를 들음으로써 생기게 된 수백 종류의 개신교, 즉 프로테스탄티즘 등의 하위적 범주에 속하는 기독교적 종파 개념들을 포괄하는 상위적인 종교적 종파 개념이다. 가톨릭과 기독교의 개념적 관계는 논리적으로 동일한 차원에서 대립적이 아니라 논리적으로 서로 차원을 달리하는 부분과 전체 간의 관계를 갖는다. 가톨릭교와 대립되는 개념은 기독교가 아니라 다 같이 기독교에 소속되는 그리스정교회, 러시아정교회, 특히 프로테스탄티즘, 즉 개신교다. 문제는 일부 개신교도들이 '기독교'라는 낱말을 자의적으로 왜곡하여 그것을 자신들만의 독점물로 삼으려 하는 데 있다.

일부 개신교도들이 믿고 주장하는 바와는 전혀 달리, 가톨릭교는 기독교가 아닌 것이 아니라 개신교보다 더 오래된 형태의 기독교, 즉 구교며, 개신교가 기독교라면 가톨릭교는 더 뿌리가 깊은, 더 긴 전통을 갖은 기독교다. 이러한 사실에도 불구하고 자신만 진짜 기독교이고 가톨릭교를 비롯한 다른 종파의 기독교는 기독교가 아니라고 한국의 일부 개신교들이 계속 주장한다면, 그것은 언어적 납치이고 종교적 강간이며 이념적으로 오만한 독선이다. 그러한 주장의 이념적 독선성은, 이론으로 무장하고 세계적인 조직과 힘을 갖게 된 불교, 이슬람교, 기독교 등이 무교나 기타의 수많은 원시적 믿음의 체계를 미신, 즉 '잘못된 믿음'이라고 비하하고 무시하는 독선적 오만한 태도와 전혀 다를 바 없다. 그러한 독선으로 부당하게 입게 될 가톨릭교와 그 교도들의 정신적 및 물리적 재난이나 언어 공동체에 생기게 될 혼란을 생각할 때 마땅히 하루라도 바삐 교정되어야 할 언어적 관행이다.

개신교도들이 자신들의 믿음만이 참된 기독교며, 가톨릭교, 그리스정교, 러시아정교는 참된 기독교가 아니라고 주장하는 것과 마찬가지로, 가톨릭 신자들이나 그리스정교 신자들이나 러시아정교 신자들도 각기 자신들의 신앙만이 진짜 기독교이고 개신교는 진짜 기독교가 아니라고 주장할 수 있으며, 실제로 그렇다. 그것은 마치 자신들의 믿음을 무시하여 '미신'이라고 부르는 이른바 힘 있는 세계적으로 조직된 종교들, 가령 힌두교, 불교, 도교, 유대교, 모든 종파의 기독교, 모든 종파의 이슬람교에 대해서 그러한 주장을 하는 종교들이야말로 '미신'이라고 대응할 수 있는, '세력이 없는' 이른바 무속과 같은 수많은 지역의 토속적 종교들의 주장과 전혀 다름이 없는 독선이다. 가톨릭교와 기독교를 대치시켜 부르는 일부 개신교들의 관행은 하루바삐 수정되어야 한다.

언어적 납치와 언어적 의미에 대한 강간 행위의 형태가 더 눈에 띄게 드러나는 예는 '진보'라는 말의 사용에서 찾아볼 수 있다. 이 말은 한국에서 또 최근 새로 생긴 말이 아니라 세계 어느 곳에서나, 그리고 약 2세기 전부터 어떤 특징한 정치적 이념이나 태도를 지칭하는 데 사용되고 있다. '진보'라는 말은 '보수'라는 말과 개념적으로 대립하게 되었고, 오늘날 이러한 언어적 사용은 널리 관용화되어 자연스럽게 유통되고 있다. '진보'는 마르크스주의적 정치적 이념을 지칭하고 '보수'는 반마르크스주의적 정치적 이념을 지칭하는 말로 사용되고 있다.

하지만 이러한 언어적 사용, 즉 보수와 진보의 개념적 대립은 논리적으로 그 의미가 심각하고, 정치적으로 그 결과가 막중한 언어적 오용이며 언어에 대한 폭력이다. '진보'라는 개념이 비마르크스주의의 속성을 서술한다고 전제된 '보수'라는 개념과 대치되어 마르크스주의의 속성을 서술하는 데서 생긴다. '진보'와 '보수'라는 두 낱말의 이와 같은 대립에 문제가 있다는 것은 필자가 우연히 한 의사로부터 들은 어이없는 실화에서 드러난다.

이야기의 주인공은 전남 순천에서 지적으로나 경제적으로 비교적 윤택한 집안에서 태어났으나, 남한이 독립 국가로서 대한민국이 수립되고 나서 몇 달 후에 여수·순천 반란 사건 때 경제적으로 유복했다는 이유로 이른바 좌익 반란군과 반란 인민, 즉 공산주의자들에 의해서 가족이 몽땅 학살당했기 때문에, 고아가 되어 교육도 받지 못하고 평생을 막노동자로서 하층에서 목숨을 이어 살아왔다. 그는 자신의 가족을 모두 참혹하게 살해하고 자신의 인생을 망친 공산주의자들, 그리고 공산주의적 정치 이념에 대해서 씻을 수 없는 깊은 원한을 갖고 있었다. 이야기의 요점은 그가 '진보'라는 말에 끌려 『한겨레신문』을 창간 때부터 줄곧 구독했다가, 역시 '진보'라는 말 때문에 그 신문을 구독하지 않게 되었다는 것인데, 문제는 한 낱말이 맥락에 따라 전혀 다른 의미를 가질 수 있고, 잘못 사용될 때 그 낱말은 객관적 사실을 완전히 혼돈에 빠뜨리거나 왜곡할 수 있고, 그 결과는 다른 이념이나 이념가들에게 엄청난 폭력으로 변할 수 있다는 데 있다.

'진보'라는 개념은 일반적 맥락에서는 '정체'나 '퇴보'와 같은 개념들과 대치되어 평가적으로 사용되어, 과거나 현재보다 발전된 상태를 긍정적으로 뜻하기도 하고, '보수'라는 개념이나 소극적 태도와 대치되어 '진취'라는 적극적 태도를 뜻한다. 사물 현상의 상태에 적용되든 아니면 인간의 삶에 대한 태도에 적용되든 '진보'는 다 같이 바람직한 덕목이다. 이야기의 주인공이 주저 없이 『한겨레신문』의 여러 해 동안의 충실한 구독자가 되었던 것은 그 신문이 자타가 공인하는 '진보적' 신문이었기 때문이었다.

이와 같이 일반적으로 이해하고 있는 '진보'라는 낱말의 의미를 전제할 때 진보적인 『한겨레신문』을 구독하지 않고 '보수적'임을 자타가 공인하는 다른 신문들을 읽는다는 것은 정상적인, 건전한 정신을 가진 사람의 관점에서 볼 때 분명히 논리적으로 모순이다. 누가 더 좋은 것을 그렇지 못한 것보다 선호하지 않겠는가. 『한겨레신문』의 열렬한 애독자였던 그는 정상적인, 건전한 정신의 소유자였으며, 그가 그 신문을 열심히 읽고 그 정치 이념적 논지를 추종하려 했던 것은 당연하다.

그러나 우리 이야기의 주인공은 그가 문제의 신문이 정치적으로 약간은 친북한적이라는 소문을 어디서 귀동냥으로 얻어 들은 즉시, 그가 20년 가까이 그렇게 귀하게 여기면서 애독하던 한 일간지 구독을 중단한다. 정치적 이념에 대해 그는 아무 지식이나 주장도 없었지만, 그는 자신의 부모와 형제자매의 죽음은 물론 자신의 고통스러운 삶의 직접적 원인이 공산주의라는 이념과 공산주의자라는 이념가에게 있었다는 사실만은 단 한 번도 의심하지 않았다. 따라서 공산주의의 이념을 건 공산주의자들의 집단인 북한은 물론 그러한 국가와 정권에 조금이라도 동정적인 신문에 동조할 수 없는 것은 물론 그러한 신문을 용서할 수 없었던 것이다. 남들이 아무리 무어라 해도, 그의 관점에서 볼 때 공산주의는 그들이 자처하는 바와는 달리 결코 '진보적'이 아니며, 만일 공산주의를 진보라고 한다면 '진보'는 진보적인 것이 아니라 '퇴보적'이며, 선이 아니라 '악'인 것이다.

적어도 그의 관점에서 볼 때 공산주의에 '진보'라는 말을 적용하는 것은 '진보'라는 말의 오용이며 일종의 언어적 납치며, 진보라는 말에 대한 언어적 강탈이다. 그런데도 만일 공산주의를 자동적으로 '진보적'이라 규정한다면, 그것은 언어적 도용이다. 우리들의 이야기의 주인공은 언어적 도용으로 생긴 혼란에 빠졌던 것이다. '진보'라는 개념을 둘러싼 한 노동자에 관한 이야기가 제기하는 문제는 언어의 서술적 사용과 평가적 사용의 혼동, 언어의 객관적 의미와 주관적 의미 간의 혼란의 문제다. '진보'라는 개념은 서술적으로 사용될 때 '보수적'이라는 개념과 대치되지만, 평가적으로 쓸 때는 그렇지 못하다. 『한겨레신문』의 구독을 둘러싸고 생긴 문제의 주인공의 이야기는 어떤 정치적 이념을 '보수'와 대립시켜 '진보'라고 부를 때 생기는 개념적 독선주의와 혼란 및 그러한 사용에 숨겨져 있는 언어적 왜곡과 폭력이 얼마나 큰가를 입증해준다.

정치적 이념에 적용될 때 오늘날 '진보'는, 비마르크스주의적 이념인 정치적 자유민주주의나 경제적 자본주의를 지칭하는 시장경제적 자본주의를 지칭, 서술하는 '보수'라는 개념과 대치해서, 마르크스주의적 철학적 세계관을 바탕으로 하는 공산·사회주의를 지칭, 서술하는 개념으로 널리 사용되고 있다. 그러나 '진보'라는 말을 이렇게 사용하는 데는 문제가 있다. 왜냐하면 '진보'라는 말은 어원적으로 서술적이 아니라 평가적인 개념이기 때문이다. '진보'라는 말을 이렇게 사용하기 시작한 마르크스주의자들이 개념적으로 혼동해서가 아니라 자신들의 이념이 기존의 어떠한 이념들에 비추어보아도 상대적으로 우월하다고 확신하고 있었기 때문이다. 이미 기정 사실이 되었을 만큼 오래된 관례임에도 불구하고, '보수적'이라고 서술되는 자유민주주의나 시장자본주의와 대립되는 마르크스주의·공산주의를 '진보적'으로 호칭하는 것은 논리적으로 타당하지 않다.

그리고 마르크스주의적 정치 사회 이념으로서의 공산·사회주의에 적용되어 그것을 '진보적'이라 말할 때, '진보'라는 개념은 서술적인 동시에 평가적으로 사용되는 데 문제가 있다. 이 경우 '진보'라는 말은 '보수'라는 말과 대치되어 마르크스주의와 비마르크스주의, 공산주의와 자본주의, 사회주의와 개인주의, 전체주의와 자유민주주의 간의 이념적 구별을 지칭하는 가치 중립적인 서술적 개념으로 사용되어 '보수적'이념이나 이념가들에게 열등감을 함의하지 않는 말로 사용되기도 하지만, 원래 어원적으로 긍정적 가치 평가, 즉 우월성에 대한 신념을 암묵적으로 내포하고 있어서 그 이념과 대립되는 '보수적' 이념들이 가치의 상대적 열등성, 나아가서는 오류에 대한 신념을 함의한다. 다시 말해서 마르크스주의를 '보수적'으로 생각되는 비마르크스주의와 대립시켜 '진보적'이라고 부르는 순간, 거기에는 마르크스주의가 옳고 선하며, 비마르크스주의가 잘못되고 악한 것이라는 신념이 논리적으로 암암리에 내포되어 있다. 만일 그렇다면 이성이 있는 한 아무도 보수적인 이념, 즉 반마르크스주의, 반공산주의, 반전체주의에 가담

할 수는 없다.

그러나 이러한 사실에도 불구하고 과거나 오늘날이나 마르크스주의, 사회주의, 전체주의에 반대하는 '보수적' 이념이 존재하고 그러한 보수파들이 있다는 사실은 마르크스주의자들이 자처하고 있는 바와는 달리 마르크스주의가 옳거나 좋고, 반마르크스주의가 틀렸거나 나쁘다는 판단이 서지 않음을 입증해준다. 이러한 사실에도 불구하고 마르크스주의자들이 자기들의 이념만이 옳다고 우긴다면 그것은 최악의 독선적 태도의 표시에 불과하다. 마르크스주의가 '진보적'이라는 것은 그들의 주관적 생각의 표시일 뿐이지 객관적 사실이 아니다. 마르크스주의자들이 자신의 이념이 '진보적', 즉 지적으로 옳고 도덕적으로 선하다고 생각하고 주장한다면, 반마르크스주의자들도 자신들의 이념이 '진보적', 즉 지적으로 옳고 도덕적으로 선하다고 주장할 수 있다.

그런데도 마르크스주의와 그와 대립되는 이념을 '진보적'과 '보수적'으로 대립시킨다면, 그러한 대립은 '진보'라는 말의 서술적, 즉 지칭적 의미와 평가적, 즉 주관적 의미의 혼동, 언어적 의미의 왜곡과 약탈 그리고 언어에 대한 폭력 행위를 통해서만 가능하다. 정치적 '보수'와 대립되는 개념은 정치적 '진보'가 아니라 '개혁'이다. 개념적 혼동과 그에 따른 정치적 혼란을 피하기 위해서 '진보'와 '보수'의 대립 개념은 '개혁'과 '보수' 혹은 '좌파'와 '우파'라는 가치

중립적인 말들의 대립으로 바꿔 사용되어야 한다. 한 사람이 믿고 있는 세계관의 관점에 따라서는 마르크스주의 · 공산주의가 '보수적'으로 판단될 수 있기 때문이다.

그 말들이 사용될 때의 내용을 자세히 들여다보면, '진보'와 '보수'라는 낱말들은 전통적으로 사용되고 있었던 바와는 달리, 더 정확히 말해서 오늘날 한국이나 그 이외의 이른바 정치적으로 자유민주주의, 경제적으로는 자본주의적 제도를 채택하고 있는 사회에서 사용되고 있는 바와는 정반대로 사용되기도 한다. '진보'라는 낱말은 '반마르크스주의 · 공산주의'를 지칭하는 개념으로, '보수'라는 낱말은 '마르크스주의 · 자본주의'를 지칭하는 개념으로 사용되고 있다는 것이다. 오늘날의 러시아나 중국에서 엄격한 과거의 폐쇄적인 전체주의적 공산 독재 정치와 통제적인 획일적 계획경제, 즉 기존의 마르크스 · 공산주의적 체제를 고수하려는 입장을 '보수'라고 부르고 정치적으로는 자유민주주의를 그리고 경제적으로는 개방적 시장경제를 도입하고자하는 입장을 '진보'라고 부르고 있다.

그러나 개념적 혼동을 피하기 위해서라도 마르크스주의가 생긴 이래 두 세기 가까이 기정 사실같이 사용되어온 '진보'와 '보수'를 대립시키는 언어적 관습에 개혁 아니 혁명이 있어야 한다. 한마디로 '보수'의 대립적 개념으로는 '진보'가 아니라 '개혁'이라는 말이 사용되어야 한다. 마르크스주의 · 공산주의를 '진보'라고 부르는 것은 논리적으로 적절하지 않다. 비록 모든 사람들이 마르크스주의 · 공산주의가 비마르크스주의 · 자본주의보다 더 바람직한 정치 · 경제 체제라고 확신할 경우에도 사정은 마찬가지다. 가령 위의 두 가지 종류의 정치나 경제적 이념이 더 바람직하거나 그렇지 않거나 하는 것은 객관적, 즉 공적으로 규정될 수 있는 것이 아니라 한 개인이나 집단의 주관적 관점에 따라 사뭇 다를 수 있기 때문이다.

언어의 이념적 왜곡을 경계해야 한다. 언어의 의미는 사회적 약속에 의해서 이미 공적으로 경정된 것이며, 언어는 개인의 단순히 사유를 담는 그릇에 그치지 않고 한 언어 공동체의 객관적 세계를 나타내기 때문이다.

[계간 『철학과 현실』(2002년 가을호)]

제 3 장

자유로를 향하여

김일성의 핵

　북한의 핵무기 개발을 어떻게 생각해야 하는가. 이미 반세기 전 히로시마와 나가사키에 투하되었던 원자탄이 보여준 것처럼 핵무기는 끔찍하게 무서운 파괴력을 갖고 있다. 그것이 세계의 평화를 깨뜨리고 세계의 중요한 도시나 지역을 잿더미로 만들 뿐만 아니라 인류의 존속마저도 위협하고 있는 이상, 이러한 무기를 발명한 인류는 자기 스스로를 아무리 저주해도 충분하지 않다.

　그럼에도 냉혹한 현실은 안타깝기만 하다. 불행히도 오늘의 핵무기 위력과 그 수는 50년 전에 비해 천문학적으로 증가되었다. 제2차 세계대전 말기 미국만이 갖고 있던 핵무기는 현재 이른바 선진국들 그리고 그 밖의 몇몇 강대국을 포함한 10여 개국이 보유하고 있다. 이런 상황에서 약 1년 전부터 각별히 북한의 핵무기는 한반도에서만이 아니라 극동 그리고 국제적으로 중요한 정치 문제로 크게 부각되고 있다. 자유 민주 국가들로부터 국제적으로 나날이 고립되어 가면서 특히 남한 및 미국과 아슬아슬한 대립 관계를 갖고 있는 절대 독재 국가인 북한의 절대 권력자 김일성이 핵무기를 개발해, 지금 당장은 몰라도 가까운 시일에 그러한 무기를 자체적으로 소유하게 될 것이라는 관측이 지배적이다. 어떤 국가가 갖고 있는 핵무기가 비상시 자신의 이익을 보호하기 위하여 준비된 것인 이상, 그것은 특히 그러한 무기를 갖지 못한 국가와 민족에게 일방적으로 큰 위협이 된다. 북한이 핵무기를 갖고 있기 전에도 사정은 마찬가지다.

그럼에도 불구하고 각별히 김일성의 핵은 얼마 전부터 한반도 전체, 특히 남한 사람들의 마음을 오싹하게 하는 끔찍한 유령으로 나타나고, 한반도 평화는 물론 극동과 세계 질서를 위협하는 어두운 그림자로 보이게 되었다. 이미 핵무기를 보유하고 있는 이른바 강대국들만이 아니라 남한 정부도 그러한 위협을 느끼고 북한이 핵무기를 갖지 못하게끔 온갖 노력을 하고 있는 중이다.

이미 상당한 양의 핵무기를 소유하고 있는 국가들이 앞장서서 북한의 핵개발을 저지하려는 태도가 평등의 원칙에 맞는가. 핵무기의 소유는 한 국가 방위의 중요한 역할을 하고 필요에 따라 타국가 공격의 결정적 도구로 사용될 수 있다. 그러므로 국가 간의 이해 관계가 전쟁의 형태로 변할 만큼 대립될 수 있는 이상 어느 국가든 그런 경우에 필요한 국방을 위해서 핵무기를 소유하고자 함은 당연하다. 미국과 러시아, 중국을 비롯한 여러 나라들이 이미 핵무기를 소유하고 있는 이 마당에서 북한을 비롯한 다른 약소 국가들이 가능하면 핵무기를 개발하거나 소유하려고 하는 것은 너무나 타당하다. 약소 국가일수록 더 그렇다.

그럼에도 불구하고 이미 핵무기를 대량으로 보유하고 있는 강대국들이 더 이상 다른 국가가 그런 무기를 소유하는 데 대해 반대하고 국가적 생존을 위하여 핵폭탄을 자발적으로 개발하려는 그들의 노력을 가능하면 무력으로라도 저지하려는 것은 국가 간의 형평상 결코 납득할 수 없다.

그러나 국가적 이해 관계는 이성이 아니라 물리적 힘의 논리에 의해서 지배된다. 이런 국가 간의 역할에서 볼 때 미국과 중국, 일본 그리고 더 나아가서는 서방 여러 국가들이 북한을 비롯한 약소국들의 무기 개발을 저지하려는 것은 쉽게 납득된다. 약소국들의 핵무기는 강대국들의 정치적 경제적 지배와 무력에 의한 횡포를 저지할 수 있는 유일한 도구로 사용될 수 있디 때문이다. 핵무기를 이미 소유하고 있는 국가들과 달리 핵무기를 소유하고 있지 못한 약소 국가들이나 비핵 국가인 경우라도 그들의 국가적 이해 관계가 북한보다는 강대국들과 더 밀착되어 있다면 그들이 강대국과 동조하여 북한의 핵보유를 저지하려는 것은 당연하다.

그렇다면 남한의 입장은 어떤 것이어야 하는가. 북한에 대한 우리의 입장은 이와 같은 논리보다 더 복잡한 논리에 의해 얽혀 있다. 남한의 국적을 가진 사람으로서만이 아니라 그냥 한국인의 입장에서 볼 때 우리의 입장은 어떤 것이어야 하는가. 우리에게 북한은 그냥 또 하나의 다른 국가, 또 하나의 다른 민족이 아니다. 비록 북한이 다른 국가이긴 하지만, 북한에 사는 인민들은 우리와 피와 언어와 감정을 같이하는 똑같은 하나의 민족이라는 데 문제가 있다. 남북의 두 정부가 이념적으로나 체계적으로 극단적 대립을 이루고 있지만, 우리는 남북한이 머지않은 장래에 다시 통일된 하나의 정부 밑에서 하나의 한민족으로서 살기를 기대하고 그런 날이 오기를 확신하고 있다. 한민족의 자주적 번영과 외세로부터의 방어를 예비해서 남한에서는 못하더라도 북한에서의 핵무기 개발을 환영해야 할 것이다.

그러나 이러한 논리는 한민족이 하나의 통일된 국가로서 하나의 정부를 갖고 있을 경우에서만 적용될 수 있다. 냉엄한 현실은 지금 이상과 같은 조건을 충족시키지 못하고 있다. 제2차 세계대전 후 강제로 민족적 분할을 당해야 했던 한국과 독일, 베트남 3국 가운데 바로 유독 우리 한반도만 지금까지 분단된 채 남아 있다.

더 불행한 사실은, 사회주의 국가의 세계적 붕괴 추세에

도 불구하고 유일하게 외부와 고립된 북한이 남한과 첨예
하게 대립하고 자신의 권력을 유지하기 위해서 현재의 북
한 체제를 수호하는 데 김일성이 핵무기를 이용하고자 한
다는 것이다. 만약 그의 뜻대로 핵무기가 개발되었을 때
김일성의 핵은 남한을 인질로 삼는 데 사용될 것이다. 이런
맥락에서 볼 때 김일성의 핵무기가 우리의 이웃 국가 그리
도 서방 강대국만이 아니라 우리 한민족 전체에 무엇을
의미하는가는 불을 보듯 명확하다.

우리에게 김일성의 핵 문제는 북한 인민이나 사회주의
체제 자체에 있는 것도 아니며 핵무기의 가공할 만한 파괴
력에 있지도 않다. 그것은 김일성 정권의 성격, 김일성의
가족 중심적 독재 권력 체제에 있다. 한마디로 문제를 어떻
게 보더라도 김일성 체제는 결코 수용할 수 없다.

한국 민족의 핵이라면 좋다. 그러나 김일성이만의 핵은
안 된다. 이런 상황에서 김일성과 그의 절대 독재 체제에
대해 조금이라도 환상을 갖고 있는 이가 아직도 남아 있다
면 그는 하루바삐 추호의 미련도 없이 그런 환상에서 깨어
나야 한다. 김일성 체제는 우리의 가슴을 죄는 꿈 아닌 악
몽이기 때문이다.

[『부산일보』(1993년 12월 26일)]

남북통일론 소고

　지금 한반도 남부에서는 걷잡을 수 없이 과격한 전환기의 격동이 일어나고 있다. 한국은 지난 약 20년 동안 눈부신 성공적 산업화라는 경제적 변천을 거쳐 왔으며, 약 5년 전부터 누구도 예상할 수 없을 정도의 격렬한 사회적·이념적·정치적 변혁의 소용돌이 속에 들어가 진통을 겪고 있다. 최근 새삼스럽게 민족적·이념적 쟁점의 뚜렷한 초점이 되고 있는 남북 통일에 대한 논쟁도 이와 같은 경제적·사회적 맥락에서 더욱 선명히 파악된다. 산업화의 성공과 경제적 발전은 우리에게 오랫동안 잃어버렸던 자신감과 아울러 어느 정도의 자주력을 다시 가져다주었으며 민족적 자존심을 회복시켜주었다.

그러나 그와 동시에 바로 그 경제적·정치적·체계는 사회적·도덕적인 내부적 모순과 아울러, 민족 분단이라는 오늘의 정치적 상황 안에서 넘어설 수 없는 발전의 한계가 있음을 드러냈다. 남한에서의 극심한 빈부의 차, 북한에서의 세습적 절대 1인 독재, 동일 민족 간의 남북 대립에 따르는 방대한 경제력 낭비와 도덕적 추태를 극복하지 않고서는 남과 북 어느 사회도 정의롭지 못하며, 자유롭지 못하고, 그렇게 갈라진 한 한국은 결코 가까이는 일본, 중국, 미국, 소련, 멀리는 세계 어느 나라와 맞설 만큼 강하고 자주적인 민족으로 떳떳이 나설 가망이 희박하다. 그런 분단된 민족으로서는 아무도 민족적 또는 문화적인 진정한 자존심을 갖지 못한다. 한국의 궁극적 문제는 남북 통일을 바탕으로 하지 않고는 만족스러운 해결은 없다. 이런 상황에서 약했었다는 이유만으로 부당하게 분단을 강요당한 우리다 이제 남북 통일을 이루어야 하겠다고 열망함은 당연한 논리다. 이성을 가진 한민족이라면 아무도 남북 통일을 반대할 수 없을 것이다. 그렇다면 남북 통일을 소원하는 것은 특정 목사, 특정 작가, 특정 정치가, 특정 실업가, 특정 군인만의 독점물이 될 수 없다. 그것은 생각이 있고 이성을 가진 모든 한국 민족이 다함께 갖고 있는 가장 절실한 꿈인 것이다.

물론 이상적으로나 도덕적으로는 남북 통일을 바라면서도 국가적 또는 개인적 이해타산 때문에 한반도의 남북 통일을 바라지 않는 자들이 없지 않다. 경제적·정치적·문화적 이해 관계가 직접 얽혀 있는 일본, 중국, 소련, 미국이 경쟁 대상으로서의 통일된 강한 하나의 한국을 바랄 이유가 전혀 없다. 이와 같은 타민족뿐만 아니라 한국 민족 가운데에도 적지 않은 수는 겉으로 아무리 무엇이라 하든 속으로는 남북 통일보다는 분단의 현 상태를 고수하고자 할 것이다. 그들은 민족적 분단으로 인해서 권력이나 재력을 좀더 얻게 되고 계속 그것들을 향유하고자 하는 남북에서의 각 지배자들일 수 있다. 남북 통일을 은근히 저해하는 경쟁 국가에 대해서 우리가 할 수 있는 길은 우리들이 단결하여 강한 민족으로서 현명한 외교로 대항해야 할 것이며, 남북 통일을 내심 원하지 않은 민족 분단의 기생적 남북한 소수 한국인들을 전 민족적 관점에서 단계적으로 제거하거나 극복해야 할 것이다. 남북 통일에 대해 회의적인 또한 범주의 사람들을 생각해볼 수 있다. 외국에 이민을 가서 유복하게 사는 사람들에게는 남북 통일이 별로 관심사가 되지 않을 수 있다. 또한 비록 한반도에 사는 사람 가운데도, 남북이 갈라져서 두 독립된 국가로 존재하더라도 만약 각기 남과 북에 사는 우리 민족들이 자신의 생활에 안주할 수 있다면, 구태여 새삼스럽게 남북을 통일하여 큰 변화와 혼란을 일으킬 이유가 없다고 생각하는 사람들이 있을 수 있다.

위의 두 가지 다른 범주의 한국인은 인간의 존재, 그 존재의 의미가 생물학적인 것에 제한될 수 없다는 사실을 다 같이 잊고 있는 자들이다. 비록 미국에 살아도 나는 언제나 민족적으로 한민족이며, 따라서 한국 민족 문화의 배경을 떠날 수 없다. 한민족으로서, 그리고 한국 문화의 바탕 속에 있을 때 미국에서의 나의 삶의 의미는 더 분명해지는 것이다. 서울에서나 평양에서 안락하고 평온한 생활을 한다 해도 나라는 생물학적 개인도 타민족과 못지않거나 그보다 우월한 민족의 일원으로서의 나의 삶의 의미가 더욱 확인될 수 있다. 이미 어느덧 40여 년 가까이 타의에 의해서 남북으로 갈려 있다고는 하지만, '남한족' 또는 '북조선족'으로 부르기에는 우리 민족은 너무나도 오랜 역사를 통해 동일 민족으로서 그리고 동일 문화 속에서 함께 살아온 하나의 민족이다.

8·15 광복 후 좌우익의 극력한 정치적 싸움을 겪었고, 한국전쟁의 민족 상실의 비극의 피를 흘렸으며 그 후 거의 40년 동안 지속적인 정치적 대립을 계속하고 있음에도 우리는 다 같이 진정 가슴 속에서부터 민족적·문화적 동일성을 더 느끼고, 그러한 민족으로서 타민족과 못지않게 민족적으로 발전하고, 민족적으로 커가고자 갈망하는 것이다. 한마디로 우리는 다 같이 남북 통일을 갈구하며, 꼭 그래야 한다.

남북 통일을 무조건적으로 받아들여야 하는가? 남북 통일을 원하는 간절한 마음은 모든 것을 희생하고서라도 우선 통일해야 하겠다는 심정으로 옮겨가기 쉽다. 한반도와 똑같이 공산 독재 체제와 자본주의 체제로 분단되었던 베트남이 긴 전쟁을 치른 끝에 공산주의 정권 아래 통일되었을 때 민족 통일이라는 점에서는 양식 있는 많은 한국인들이 베트남의 국토 통일을 본능적으로 부러워했을 것이다. 미국이나 그 밖의 외국에서 편안히 자유를 누리고 있는 한국인 가운데는 비록 공산주의 독재 아래에서라도 우선 통일을 해야 한다고 주장하는 이가 적지 않다. 그뿐만이 아니라 현재 한반도 남부에 사는 의식 있는 애국자들이나 지식인들 또는 정치인들 가운데도 무조건 통일을 부르짖고, 민주주의가 중요하지만 '선통일 후민주'의 통일론을 공개적으로 주장하고 있다. 현 상황에서 '무조건 통일론'은 김일성 체제 아래에서의 공산주의 통일을 의미한다. 비록 이념적으로 공산주의를 반대하지만 남북 분단보다는 통일을 전제하는 공산주의가 바람직하다는 것이다. 이러한 주장을 하는 이들의 애국적 동기, 그 동기의 진실성을 의심하지는 않는다. 통일된 조국, 더 강하고 크고 당당한 민족으로서 타민족과 경쟁하고 타민족에 눌려 살고 싶지 않은 심정은 모든 한국인의 가장 절실한 소원이기 때문이다.

그러나 감정을 떠나서 좀더 현실을 직시하고 냉정하게 이성으로 돌아갈 때 무조건 통일, 즉 공산화된 통일론은 내부적 모순과 논리적 근거의 빈곤을 드러낸다. 무조건 통일론에 타당성이 있다고 해도 어찌하여 공산 치하의 통일을 해야 하느냐를 물어볼 수 있다. 왜냐하면 무조건 통일이라면 북한 체제에 의한 공산주의 통일이 아니고도 남한 체제에 의한 자본주의 아래의 통일도 똑같이 정당화될 수 있기 때문이다. 남쪽 이념 아래의 통일이 처음부터 고려되지 않고 오로지 북쪽 이념 아래의 통일만 주장된다는 것은 두 가지 전제 아래에서만 납득된다. 첫 번째의 전제는 공산주의 체제가 자본주의 체제보다 바람직하다는 것이다. 그러나 이러한 전제는 극히 독단적이다. 비록 몇몇 사람들이 공산주의를 신봉하더라도 남한뿐만 아니라 북한에서도 대부분의 절대적 다수의 한국인은 결코 현재 북한에서의 공산 체제를 선택하지 않을 것으로 확신한다. 여기에 공산주의적 무조건 통일론의 두 번째 전제가 드러난다. 그것은 비록 공산주의를 반대할지라도 오늘의 정치적 상황에서 공산주의에 의한 통일만이 가능하다는 판단에 의한 전제다. 이 전제는 그 밑바닥에 또 다른 전제를 갖고 있다. 그것은 다름 아니라 북한의 김일성 치하의 정권은 어떠한 정치적·이념적 양보도 하지 않는다는 것이다. 이러한 관점이 내포하고 있는 것은 북한 정권이 우리의 입장과는 달리 무조건 통일을 절대적으로 수용하지 않는다는 사실이다. 한마디로 현재 일부에서 주장되는 무조건 통일론은 남쪽, 아니 공산주의보다는 자본주의를 선호하는 남쪽과 북한의 모든 한국인들이 통일을 위해서 모든 것을 양보하자는 뜻을 내포하고 있다.

그러나 첫째 번과 둘째 번의 전제들은 다 같이 근거가 빈약하다. 첫째, 절대 다수의 국민이 공산주의를 자의로 선택하지 않는다고 확신한다. 이러한 사실은 현재 공산주의 치하의 이북에 사는 국민에게도 똑같이 해당된다고 믿는다. 둘째, 전제도 근거가 없다. 만약 김일성 정권이 그들의 지배 아래에서만의 통일을 주장한다면 똑같은 주장이 이남의 현 정권에 의해서도 세워질 수 있기 때문이다. 오늘의 정치적 상황에서 공산주의에 의해서만 가능하다는 생각은 전혀 근거 없는 패배주의거나 아니면 숙명론에 불과하다. 만약 현재 김일성 치하의 정권이 역사상에서 그 전례가 없는 일인, 일가족에 의한 가혹한 독재의 표본이라면, 그리고 오늘날 이북이 세계에서 가장 폐쇄된 사회라는 사실에 눈을 감지 않는다면, 아무리 민족적 남북 통일이 중요하다 해도 그러한 정치 체제 아래에서의 통일은 의미가 없다. 우리가 민족주의나 민족적 남북 통일을 갈망하고 그것이 언제고 실현되어야 하는 이유는 단순히 추상적인 이념을 위해서가 아니다. 그것은 우리가 다 같이 한민족으로서 자주성과 긍지를 찾고, 좀더 자유롭고 인간답게 평등한 가운데서 살고자 하기 때문이다.

무조건 통일론이 무자비한 1인 독재자 김일성 정권 아래의 공산주의 통일을 의미한다면 그러한 통일론은 오늘의 상황에서 전혀 납득되지 않는다. 그렇다고 해서 물론 남북 통일을 반대하는 것이 아님은 두말할 필요도 없으며, 남한에 의한 자본주의 체제 아래의 통일을 주장하는 것도 결코 아니다. 이북에서의 공산주의 체제가 수용될 수 없음과 못지않게 이남에서의 자본주의 체제도 오늘날 한국의 전체적 관점에서 볼 때 용납되지 않는다. 한국 민족의 전체적 입장에서 볼 때, 한국의 장래를 위해서 그리고 현대의 정치적·사회적·도덕적 관점에서 볼 때 서로 극렬히 대립되는 극단적 두 사회적·정치적 체제는 반드시 극복되어야 한다. 이북에서의 분배의 평등과 이남에서의 어느 정도 보장된 자유는 서로 보완되고 절충되어야 한다. 남한의 사회는 다소 사회주의적 복지 사회로 지향되어야 하며 동시에 북한의 사회는 민주주의적 자유 사회로 전환되어야 한다는 것이다. 그렇게 개혁되고 변화하는 가운데서 남북은 가장 이상적은 정치적·사회적·도덕적 공통 분모를 한국의 오랜 문화 속에서 찾아낼 수 있다. 참다운 통일은 바로 이와 같은 발굴된 민족적 공통 분모 속에서만 바람직하며 의미가 있고 또 가능하다.

그러므로 남북 통일의 구체적인 길은 남북에서 각기 내부적으로 민족 통일이라는 거시적 관점에서 과감한 개혁으로 시작되어야 하며, 상호간의 갈등을 풀기 위한 대화와 교류가 다각적으로 마련되어야 한다. 그리고 남북 통일에 대한 소망이 몇몇 개인의 독점물이 아니라 모든 국민 하나하나의 민족적 꿈인 이상, 그러한 대화나 교류는 무엇보다도 국가적 차원에서 이루어져야 할 것이다.

남북 통일이 온 한민족의 떠나지 않는 꿈이며 갈망이며, 이와 같은 방법에 의해서 그 꿈이 성취되고 갈망이 풀릴 수 있다고는 해도 그것이 저절로 이루어지지 않음은 물론이다. 한국 민족인 우리들 하나하나의 통일을 위한 간접적 · 직접적 노력이 항상 요청된다. 적극적으로 할 수 있는 노력이 남북 간의 부단하고 더욱 다양한 대화와 접촉이라면, 그와 못지않게 소극적으로 할 수 있는 노력이 있다. 그것이 다름 아니라 한 국가적 이해 관계를 위해서 우리의 남북 통일을 암암리에 방해하는 우리 아닌 타민족, 타국가를 부단히 경계해야 하는 일이며, 남북 양쪽에 사는 우리 민족의 소수 가운데에 개인적 타산을 위해서 겉으로는 아무리 무어라 해도 속으로는 남북 통일을 바라지 않을 뿐 아니라 민족 분단을 조장하려는 일부 세력을 항상 경계하고 극복하며 제거하는 일이다.

[미국 케임브리지 한인 교회지 『햇빛』(1989년 7월)]

통일을 위한 준비

  드디어 일어날 것이 일어나고 있다. 북한 정권이 크게 흔들리고 있다. 꼭 와야 할 것이 드디어 오고 있다. 북한 정권의 붕괴는 물리적으로 불가피하고 역사적으로 필연적인 사건일 수밖에 없다. 최근 보도된 북한 정권의 지배 계급에 속하는 일련의 엘리트들의 귀순 사건들, 김정일 전처 자매의 망명 계획, 북한 정권을 지탱하는 보안부 요원의, 러시아 대사관에서 비극으로 끝난 망명 시도 사건 등만도 북한 정권 붕괴의 극명한 징조들이다.

  마침내 한민족 통일이 가까워지고 있다. 북한의 붕괴는 필연적으로 한반도의 영토적, 정치·경제적, 사회·문화적 통일을 뜻하기 때문이다. 약소 민족으로서 타민족의 압제를 받고, 강제로 분단되어 6 · 25 동족 상잔의 비극을 치러야 했던 분단국의 민족으로서 한반도의 재통일은 한민족의 가슴에 사무친 염원이다. 통일로 이어질 북한의 붕괴 조짐은 곧 우리 모두의 즐거움이어야 함은 당연하다.

그럼에도 불구하고 확실해지는 재통일의 전망이 우리는 마냥 기쁘지만 하지는 않다. 어딘가 불안하다. 철저한 정치적 억압에 신음하고 가혹한 경제적 빈곤에 허덕이고 있는 북한 인민에게 북한 독재 정권 붕괴의 가장 중요한 의미는 자유의 탈환과 극빈으로부터의 해방이다. 그러나 20여 년 전부터는 점차적으로 경제적 풍요를 누리고, 문민 정권 이후부터는 정치적 자유를 아울러 즐기며 안정된 생활을 하게 된 남한 시민들에게 북한의 붕괴는 적어도 당분간은 걷잡을 수 없는 혼란과 경제적 손실을 뜻함을 거의 확실하게 예측할 수 있기 때문이다.

가능성은 적지만 우선 최악의 경우를 가정할 수 있다. 와해를 비이성적으로 도피하기 위해 김정일 북한 정권이 자살적 전쟁을 다시 도발할 가능성을 전혀 배제할 수 없다. 이러한 비극이 다시는 생기지 않더라도 불안은 사라지지 않는다. 동구라파 사회주의 국가가 그러했듯이 북한의 공산 정권이 갑자기 와해되어 몇 백만 북한 동포들이 38선을 넘어 남쪽으로 해일처럼 밀려들어올 상황은 상상만 해도 끔찍하다. 그러한 사건이 가져올 여러 측면에서의 혼돈은 우리의 상상을 넘는다. 북한 정권이 붕괴했을 경우 이러한 혼란을 극복했을 경우에도 남한이 당장 치러야 할 경제적 대가는 상상을 넘는다. 남한은 도탄에 빠진 북한을 경제적으로 지원해야 할 뿐 아니라 통일 과정에서의 혼란은 현재 남한의 생산성을 급격히 그리고 극도로 위축시켜 어쩌면 남한의 경제마저도 도탄에 빠뜨릴 가능성이 있다.

더 어려운 문제는 사유 재산을 인정하지 않았던 북한의 사회주의 경제 체제와 그 구조가 근본적으로 다른 남한의 자본주의 경제 체제 간의 조율 방법이다. 그러한 조율을 찾는 과정에서 국민 전체가 장기간 지불해야 할 것으로 예측되는 경제적·문화적 혹은 물질적·심리적 대가는 상상만 해도 무겁고 어둡다.

바로 이와 유사한 이유로 적지 않은 서독인들은 동독의 흡수 통일에 반대하거나 아니면 부정적 태도를 보였었다. 이념적·행정적·경제적 측면에서 독일의 통일 조건보다 훨씬 열악한 조건에서 이루어질 한반도 통일을 지연시키거나 애당초 필요성을 부정하는 이론이 남한인의 마음속에 일어날 수 있다.

그러나 우리의 통일은 어떤 대가를 치르고서라도 성취되어야 한다. 이유는 간단하다. 남북, 남녀, 노소를 가릴 것 없이 우리 모두가 각기 마음 깊은 곳에서 통일을 원하고 있기 때문이다. 그것은 적어도 2000년 가까이 동족으로서 같은 말을 하고 같은 음식을 먹고 같은 전통과 세계관을 갖고 함께 살아왔기 때문이다. 얼마간의 혼란 속에서 당장

경제적 희생을 치르더라도 통일된 한반도에서 우리는 좀
더 안정되고, 좀더 경제적으로 부강하고, 그리하여 좀더
자부심을 가진 민족으로서 번영할 수 있기 때문이다. 지금
우리는 통일을 위해 빈틈없는 준비를 해야 할 때다.

[『대구일보』(1996년 2월 27일)]

초지일관의 개혁

"부패가 너무 심하다!" 이미 백 번 남들이 했고 지금도 반복하고 있는 소리지만, 그것은 나도 한 번 꼭 반복하지 않고는 마음이 풀리지 않을 그러한 소리다.

최고급 공직자들의 재산 공개와 부정 축재에 관련된 보도를 벌써 한 달 동안 매일같이 영상으로 보고 듣고 신문지상에서 읽으면서, 대부분의 국민들은 분노하고 흥분하고 통쾌감의 손뼉을 친다. 공직자들의 부패의 폭과 깊이의 크기에 분노하는 것이며, 그들의 가면을 벗겨 그들의 진실을 발견하는 데서 기쁨이 생긴다. 많은 정치가들이 일종의 깡패이고 대부분의 고급 공직자들이 부정 치부자들이고 적지 않은 장성들이 막대한 돈을 쓰고 별을 달았다는 소문은 오래 전부터 있었던 터이지만, 부패의 폭과 깊이가 이럴 줄이야 차마 몰랐다. 서민들은 그동안 완전히 속고 당했다는 느낌을 이젠 더 감출 수 없게 되었다. 그들은 누구한테인가 사기를 당하고 도둑을 맞았다는 생각을 하지 않을 수 없다. 그러기에 국민의 경악감과 분노의 도수는 그만큼 더 높다. 그를 대통령으로 뽑은 뒤에도 그가 주먹을 쥐고 팔을 높이 올리고 대통령 취임식에서 한 연설을 듣고 난 후에도 우리는 그가 지금 나타난 김영삼이란 인물이 되리라고는 전혀 예측하지 못했었다. 그러나 그는 큰 용기 없이는 불가능한 단호한 결의를 행동으로 실증하고 있다. 우리는 해방 후 부패에 시달리면서도 그것을 해결하겠다는 약속을 해온 역대 대통령으로부터 번번이 배신당하고 살아왔던 국민이다. 그런 만큼 우리가 보는 김 대통령은 더 의외다.

대통령으로서 그에 대한 평가는 그가 임기를 끝낼 때까지 두고 봐야 한다. 그러나 이번 재산 공개를 둘러싼 문제와 이에 관련하여 그가 취한 지금까지의 태도에 국한시켜 봤을 때 그는 국민의 격려를 받아 마땅하다. '잘한다'라고 성원하고 싶어진다. 벌써 몇 십 년 전에 이미 이루어져야 했음에도 불구하고 하지 못한 개혁의 발동에 대담하게도 불을 질러놓았기 때문이다. 그가 시작한 개혁은 단순한 정치적·법적 또는 그 밖의 제도적 개혁이 아니라 우리 사회에 근본적으로 바람직한 변화를 가져오게 될 '조용한 혁명'

이다.

　물론 활동은 반발의 파동을 일으킨다. 그것은 뉴턴의 기본적 법칙이다. 따라서 그것은 당연하다. 모든 혁명이 그렇듯이 이번 혁명이 적지 않게 정치적, 경제적으로 그리고 개인적, 사회적 차원에서 파문과 저항심을 동반함은 자연의 원칙이다. 부패층이 각별히 국가의 최고 지도층에 속하고 그 층의 폭도 넓고 그 부패의 뿌리의 깊이가 큰 만큼 그 혁명의 파동이 더 큰 것은 어쩔 수 없는 물리적 법칙이다. 번듯한 가면이 벗겨지면서 많은 고관들이나 명사들은 이제 높고 편안하고 풍요하고 도도한 자리에서 물러나거나 경우에 따라 법정에 서거나 아니면 사회로부터 도덕적 규탄을 받게 되었다. 그들의 심정, 그들의 가족, 그들의 재산, 그들의 앞날이 어수선하게 될 것은 어쩔 수 없다. 문제는 이러한 부류에 속하는 사람이 너무 많은 것 같다는 데 있다. 재산 공개에서 발각된 축재와 그것이 상징하는 도덕적 부패가 너무 퍼져 있을 것이라는 데 우리들의 분노와 아픔은 더 크다. 도덕적 그물에 이미 걸린 부정축재자는 물론 아직 밖에 드러나지 않은 같은 계층의 사람들은 다음과 같은 논리를 펴고 싶을 것이다. 눈앞에 떨어진 당장 꺼야 하는 불똥인 경제 회복을 비롯한 여러 가지 국가적 문제가 누적해 있다. 이런 현 상황에서 민족적 관심이 부정축재자들을 색출해내는 일에만 집중될 수 없고 국가의 아까운 에너지가 그러한 자들을 처벌하는 작업으로만 소비될 수 없다. 그러니까 이번 일은 지금의 상태에서 뚜껑을 덮고 이 정도로 끝내자는 것이 그것이다.

그러나 문제는 이번에 공개된 고관들의 부정 축재가 지금 한국 사회를 지배하고 있는 도덕성의 철저한 부패를 의미하는 데 있으며, 더 심각한 문제는 도덕성의 부패야말로 이른바 여러 한국병 가운데에서 가장 치명적이라는 데 있다. 이 병은 다른 병 가운데의 하나가 아니라 모든 병들의 원인이다. 병을 치료하려면 수술을 해야 한다. 그리고 수술은 아프다. 당장의 아픔을 피해서 수술을 하지 않는다면 지금은 좋으나 우리가 갖고 있는 병은 더욱 악화되고 그 결과로 우리는 더 큰 아픔을 겪고야 말 것이다. 경제계와 산업계에 당장 혼란이 생기고 고통이 있다고 해서 이미 그 진단이 확실해진 도덕적 부패라는 한국의 암 그 자체를 대담하고 철저하게 도려내지 않는다면 한국이라 이름 붙은 신체가 머지않아 어떻게 되리라는 것은 너무도 자명하다. 정치가와 공무원이 썩어 있는 한 눈앞에서 올라가는 경제 지수는 환각에 불과하며 사회 전체가 도덕적으로 썩어 있는 한 그 위에 서 있는 국가 경제는 사상누각에 불과하다.

우리 사회는 너무 썩었다. 썩은 것은 이번에 드러난 고급 공무원이나 정치가들만이 아니다. 가까이서 자세히 들여다보면 어디고 다 그렇다. 솔직하게 말해보자. 사회의 비리를 고발하고 공정한 사회를 위한다는 언론계도, 진리만을 탐구한다는 교육계에서도 구린내가 난다. 이들이 서로 다르다면 그것은 다만 정도의 문제에 지나지 않는다. 더 뼈아픈 사실은 부정과 부패의 비리가 나쁘다는 것을 알면서도 어느덧 사회 생활의 관례로 우리 의식 속에 습관화되어 있다는 점이다.

아무리 수출액이 늘어나도 우리 사회가 부패해 있는 이상 우리는 결코 선진국이 못 된다. 아무리 값진 옷을 입고 큰 주택에 살아도 우리가 도덕적으로 병들어 있는 이상 우리는 결코 문화 민족이 될 수 없다. 한 사람의 도덕적 타락은 그 사회를 죽음으로 몰고 가는 암이다. 오랫동안 우리들의 몸에 암이 커가고 있었다. 만일 그것을 도려내지 않는다면 한국은 앞으로 잘 되어야 '바나나 공화국'으로 전락하고 말 것이다. 그렇다면 우리의 암은 아무리 고통스럽고 그 수술 대가가 크더라도 반드시 대담하게 잘라내야 한다.

지금 김 대통령이 수술 집도를 하는 대담한 용기를 보이고 있다. 이런 수술이 지금까지 아무도 못했던 것이기에 그는 더욱 대담하고 용감하다. 그러므로 적어도 이 점에 대해서만은 "성역은 없다"는 그의 선언을 환기시키면서 그에게 당부하고 싶다.

"굴복하지 말고 더 용기를 내어 개혁에 초지일관해야 한다!"

[『부산일보』(1993년 11월 14일)]

이념적 테러

　노무현 대통령의 선거와 취임 및 북한 핵문제가 굵어지면서 날이 갈수록 더욱 심각해지고 있다. 언제 어떤 폭력이 어떤 사회적 혼란과 개인적 생명을 위협할지 모르게 되었다. 언제 '전쟁'이 일어나서 누구의 어떤 폭력이나 어떤 총알, 폭탄으로 생명을 잃게 될지 모른다는 것을 시방 남한의 의식 있는 이라면 누구나 다 같이 피부로 느끼게 되었고, 이제부터라도 생각해보아야 할 문제로 등장하게 되었다는 것이다. 나는 이러한 분위기와 심리적 상태를 함께 '테러'라고 부를 수 있다고, 그것을 물리적 테러와 구별하여 이념적 테러라고 규정하고, 때로는 후자는 보기와는 달리 전자보다 더 폭력적이고 더 무서운 것일 수 있다고 생각한다.

최근 '테러'라는 말이 전 세계적으로 하나의 중요한 화두로 등장하고 있다. '테러'라는 말은 벌써 200여 년 전 프랑스 혁명 때부터 어떤 특정한 종류의 행위를 지칭하는 개념으로 사용되고, 아득한 고대부터 '텔러'의 범주에 속하는 행위는 세계 어느 곳, 어느 사회에서도 줄곧 존재했었다. 그러나 이 낱말은 현재처럼 전 세계적으로 정치 사회적 중심 화두로 등장한 것은 5000여 명의 목숨과 함께 세계무역센터를 단숨에 앗아간 2001년 9월 11일 아침의 비행기 자폭 사건과, 곧이어 미국을 중심으로 벌어진 반테러 작전이 대대적으로 벌어지면서부터다.

테러는 일차적으로 파괴적 폭력 행위며, 사회적 불안의 요인인 동시에 공포의 대상이라는 것은 자명한 사실로 새삼 언급할 필요도 없다. 테러는 미국만의 문제가 아니라 전 세계의 문제이고, 특히 최근의 정치 사회적 분위기에 비추어 보아 한국에서 각별히 주목하고 경계해서 풀어야 할 문제다. 그러나 모든 테러의 원인과 종류는 동일하지 않으며 그 해결책도 획일적이지 않다. 테러의 성격과 문제는 지역과 시대, 경우에 따라 각기 다르다. 미국에서 말하는 테러의 문제가 빈 라덴이라는 개인, 그의 추종자 집단인 '알카에다'라는 조직체, 아프가니스탄의 텔라빈 이슬람 근본주의자들의 반미 운동과 관련되었다면, 지금 한국이 주목하고 해결해야 할 테러의 문제는 남북 간에 가로 놓여 있는 정치적 이념, 민족과 국토 통일을 제기하는 남한 국민들 간에 존재하는 가치관의 갈등과 관련된다. 하지만 이런 사실의 분명한 인식은 '테러'라는 말의 정확한 의미 분석을 전제한다.

'테러'라는 우리의 낱말은 불어 'terreur', 영어 'terror'라는 낱말의 우리말 발음 표기다. 이 말의 원래 뜻은 '놀람', '위험', '공포', '무서움' 등 어떤 마음의 상태를 서술하는 심리학적 개념이지만, 오늘날에는 주로 그 말의 원래의 의미가 전이되어 그러한 심리적 상태를 일으키게 하는 어떤 폭력 행위를 지칭하는 데 사용된다. 9·11 세계무역센터 비행기 자살 폭발 사건을 비롯해서 이미 반세기 전에 시작하여 오늘날까지 계속되고 있는 이스라엘인과 팔레스타인인 사이에 벌어지고 있는 폭력 행위, 북조선 정권이 조작한 아웅산 폭발 사건, KAL기 공중 폭발 사건 등도 테러의 대표적인 예로 들 수 있다.

이와 같은 행위와 사건들이 '테러'의 가장 명백한 사례라고 한다면, 테러가 파괴력을 갖는 폭력이며 무시무시한 공포의 대상이라는 것은 분명하다. 하지만 가공할 만한 공포를 동반하는 무시무시한 파괴력을 갖는 모든 폭력이 자동적으로 테러인 것은 아니다. 홍수, 화산 폭발, 천둥 벼락, 자연 재해, 가뭄, 빌딩·교량·댐 등의 붕괴, 끔찍한 교통사고로 생긴 엄청난 재앙, 원자폭탄 투하 그리고 암을 비롯한 여러 가지 무서운 질병들은, 한결같이 인간의 개인적이고 집단적인 목숨을 위협하고 죽음을 몰고 오는 일종의 폭력이지만, 그러한 현상들 혹은 사건들은 테러가 아니라 사고며, 그러한 현상들과 사건들이 자아내는 무시무시한 공포심은 '테러'가 아니라 재난이다. 폭력에는 어떤 인간에 의해 의도된, 즉 인위적인 것과, 인간의 의도가 개입되지 않거나 개입될 수 없는 자연적인 것으로 구별되며, '테러'는 오로지 후자의 폭력에만 적용될 수 있는 개념이다.

테러는 직접적으로나 간접적으로나 인간의 생명을 위협하고 파괴하는 폭력, 즉 상대방의 의사가 완전히 무시된 상태에서 그에게 가해져서 그를 강제로 해치는 행위며 그 힘이다. 인류 역사의 중요한 부분은 부족 간, 좀더 큰 집단 간, 민족 간, 인종 간, 지역 간의 끊임없는 전쟁으로 점철되어 있다. 인류는 개인적으로 혹은 집단적으로 끊임없이 물리적 폭력에 의해 타자를 약탈하고 살생하는 것을 통해서 존속해왔다. 그런데도 모든 전쟁 행위를 테러라고 부르지 않고, 인류 모두는 물론 모든 군인들을 통틀어 테러리스트라고 말하지 않는 까닭은, 모든 폭력이 자동적으로 테러인 것은 아니기 때문이다.

테러는 특정한 목적을 갖고 특정한 방법을 사용한 폭력이며, 테러가 궁극적으로 목적하는 바는 권력의 장악이고 그 목적의 장애물 제거에 있다. 권력이 고귀한 어떤 도덕적, 종교적 가치를 실현하기 위한 수단이라고 주장해도 사정은 마찬가지다. 왜냐하면 한 개인이나 집단이 지향하는 최고의 가치는 다른 한 개인, 다른 집단이 지향하는 궁극적 가치와 다를 수 있기 때문이며, 테러가 그러한 가치 실현을 위한 수단으로서의 권력을 필요로 하는 이유는 한쪽이 추구하는 궁극적 가치가 보편적인 것도 객관적인 것도 아니라는 사실에 있기 때문이다. 그렇기 때문에 테러는 일반적으로 정치적 목적을 달성하기 위한 수단으로 사용하는 폭력 행위인 동시에 그러한 폭력이 함축하는 위협과 공포를 지칭한다.

테러가 권력 쟁취를 위해서 타자를 위협하고 파괴하는 폭력이라는 사실에는 이의가 없지만, 그것은 또한 음침하고 음흉한, 예측할 수 없게 나의 뒤통수를 치는 야비하고 비겁한 폭력이다. 아무도 예측할 수 없는 상황에서 팔레스타인인들의 자살 폭탄이 터지며, 9월 11일 아침 두 대의 비행기가 미국 자본주의를 상징하는 거대한 빌딩과 함께 수많은 무고한 시민들을 죽음으로 몰아넣었다. 이런 점에서 이 두 가지 폭력은 수많은 정치적 암살 사건과 함께 테러의 분명한 사례가 된다. 18세기 프랑스혁명, 20세기 초 러시아혁명, 1948년 여·순 국군 반란 사건이 피해자의 입장에서 보면 테러일 수밖에 없었으며, 안중근의 이토 히로부미 암살, 윤봉길의 상해 의거 사건 등도 마찬가지다. 일본의 '진주만 기습 공격'과 같이 기습적 전쟁 촉발 행위를 제외하고는 일반적 상황에서의 전쟁 행위를 '테러'라고 부르지 않는 이유는, 모든 전쟁이 각기 상대방이 어디서 어떻게 어떠한 폭력을 사용할 것인가 처음부터 서로 예측할 수 있는 폭력 행위라는 데 있다.

'테러'가 일종의 폭력이며, 그 폭력의 성질이 일반적으로 물리적이라는 사실에는 틀림이 없지만, 정신적인 것일 수도 있다는 데에서 테러·폭력의 문제는 복잡해진다. '테러'라는 낱말은 물리적으로 타인의 몸에 육체적으로 작용하는 의도된 폭력적 행위를 지칭하는 동시에, 타인의 마음에 이념적으로 작용하는 폭력적 이념들을 지칭하기도 한다. 경우에 따라 이념적 폭력이 물리적 폭력보다 더 강력하고, 이념적 테러가 물리적 테러보다 더 더럽고 무섭고 소름끼치게 끔찍한 것일 수 있다는 사실을 주목하고 깊이 인식할 필요가 있다.

1789년 프랑스혁명 이후 1793~1794년 동안의 '테러 통치' 아래의 파리에서의 '보수주의'라는 이념, 1917년 공산당혁명 아래 제정 러시아의 수도 상트 페테르부르크에서의 '귀족 계급'이라는 말, 나치 독일에서의 '히틀러유겐트(Hitler-Jugend)'의 이념, 무솔리니 치하 이탈리아에서의 '파시즘'이라는 구호들, 해방 직후부터 오늘날까지 반세기 이상 내려오며 '지주', '친일파', '반동분자' 등의 개념에 담겨 있는 이념들, 유엔군에 의해 탈환된 남한에서의 '빨갱이' 혹은 '부역자'라는 낱말들, 1970년대 중국에서 사용된 '문화혁명', '홍위병', '수정주의', '공산주의' 등의 이념들이 많은 이들에게 작용했을 폭력성과, 그러한 폭력성이 얼마나 가슴이 아찔아찔하고 이가 덜덜 떨리는 공포를 불러일으켰을 것인가를 상상하기는 어렵지 않다.

남한의 경우, 다행히도 김영삼의 문민 정부, 김대중의 국민의 정부를 거쳐 최근 노무현의 참여 정부가 들어, 한편으로는 군사 독재로부터 해방되어 점차적으로 각기 개인들이 과거 금기가 되었던 '마르크스주의', '공산주의', '진보주의'의 이념들이 자유롭게 언급하고 토론될 뿐만 아니라 다행히도 그러한 이념들을 주장할 수 있을 만큼 정치적, 사회적 상황이 변했다. 그러나 그와 동시에 다른 한편으로는 이상하게도 과거에 금기였거나 부정적 의미를 가졌던 이와 같은 이른바 '좌익 이념'들이 도덕적으로나 이론적으로 옳은 동시에 그러한 이념가들이 '영웅적'으로 보이게 되고, 이처럼 180도 바뀐 이념적 분위기가 차츰 확산되면서 '자유', '민주주의', '전통 보존' 등의 이념적 가치가 잘못되고, 그러한 이념을 가진 자들이 부정적 뜻에서 '보수주의자'로 비난을 받고 정신적으로나 사회적으로 차츰 위협과 공포를 의식하기까지 이르고 있는 것으로 판단된다. '햇볕 정책', '민족 통일', '반미주의', '개혁', '진보주의', '좌파 사상'이, 건국 이념인 '자유민주주의'를 신봉하고 '반공', '김일성·김정일 부자 집권 비판'의 입장에 서 있는 국민들의 입을 막고 설자리를 빼앗아감으로써 그들에게 간접적인 위협, 공포, 생존권의 박탈, 즉 '테러'의 형태로 나타나게 되었다. 집권 정당과 정권의 이념에 거슬리는 입장을 공공연히 갖기가 차츰 어려운 분위기가 생기고, 그런 입장을 공공연히 펴고 주장하는 데에서 직접 혹은 간접적인 위협을 느끼게 되었고, 여러 가지 법적 처벌이나 그 밖의 불이익을 감수해야만 하게 되었다.

이러한 사실은, 예를 들어 이념적으로 '자유주의적', '보수적', 이른바 '진보적'임을 자처하는 '국민의 정부'에 비판적이라는 이유로, 김대중 정권 기간에는 특정한 언론 매체 혹은 특정한 작가 등에 대한 인터넷 혹은 시위를 통한 '집단적 안티 운동'으로 나타났고, 노무현 대통령의 선거 운동이 시작할 때부터는 이른바 '진보적 이념'들은 인터넷을 통한 욕설, 공격, 비난, 데모 등을 통해서 그들과 반대되는 이념들을 더욱 대담하게 비난하거나 은근히 위협, 협박 그리고 억압하는 형태로 변해가고 있다는 사실로 알 수 있다. 이러한 이념적 테러의 분위기는 북조선 정권에 대한 비판, 북조선의 인권이나 도발성에 대한 문제 제기, 햇볕 정책에 대한 반성 촉구가 '반통일', '반민족'적 보수적 냉전, 반동적 수구 세력으로 몰려 심한 이념적 비난을 받고 사회적으로 따돌림을 받거나 아니면 숫제 매장될 각오를 감수해야 할 분위기가 날로 짙어가고 있다는 사실로도 드러난다.

이러한 이념적 선회의 분위기는 16대 대통령 선거가 시작되면서부터 특히 젊은 세대 사이에 확산되고, 노무현 대통령의 취임과 더불어 과거 '운동권'의 중심 세력이었던 이른바 '진보적' 좌파들이 정계·학계·교육계·언론계·문화계·NGO 단체 등 모든 사회 영역의 권력층에서 중심

위치를 차지하게 됨으로써 더욱 분명해져 가고 있다. 이런 이념적 흐름 속에서 한국 정부는 남한 시민의 의견보다도 김정일 정권의 눈치를 보고 그에 따라 정책이 조절된다는 느낌까지 갖게 하는 우스운 상태에까지 이르렀다. 이러한 사실은 최근의 어느 신문이 보도한 대로, 자신들의 정치적 이념을 달성하기 위해서 해방 직후 극우파 세력이었던 '서북청년단'이 '백골단' 혹은 '백호부대'와 같은 무시무시하게 위협적이며 공갈적이고 전투적이며 공격적으로 음침하고 끔직한 이름이 붙은 단체를 조직했던 기억을 상기시키는 이상한 이름이 붙은 행동 단체를 조직하여 투쟁하겠다고 선언했다는 사실에서 극명하게 드러난다.

주먹이 당장 들어오는 것도 총알이 당장 날라오는 것도 아니며, 경찰이 당장 체포하러 오는 것도 형사가 당장 수갑을 채우는 것도 아니지만, 이와 같은 정치적, 사회적 그리고 이념적 분위기 속에서 아무 잘못, 아무 짓, 아니 말을 하지 않았더라도 어쩐지 무섭다. 보이지 않은 이념적 테러가 존재하는 것이다. 1950년 인민군 점령 아래의 남한에서는 '반동분자' 혹은 '반공주의자'라는 낙인이 찍혀 '인민 재판'을 받게 될까봐, 그리고 수복된 후 시골에서는 '빨갱이' 혹은 '부역자'라는 낙인이 찍혀 경찰서에 끌려가 개처럼 두들겨 맞을까봐 소름이 끼치게 무서운 공포 속에서 벌벌 떨던 경험이 언뜻 기억에 되살아난다. 밀도에서 엄청난 차이가 있지만, 당시의 상황과 오늘의 상황 사이에 그 성격상 유사점이 있기 때문이다.

자유는 인간의 본질인 동시에 근원적 욕망이다. 그러므로 타자에게서 기인하는 공포, 즉 테러로부터 해방된 삶이 가장 바람직하다. 인간은 또한 사회적 동물이다. 그러나 각자 인간의 욕망과 가치는 자주 상충한다. 그러한 갈등은 해소가 필요하다. 그 방법에 소수의 물리적 혹은 이념적 폭력에 의한 지배와 민주적 절차에 의한 다수 의견의 도출 두 가지 밖에는 다른 방식이 없다. 이성은 이 두 가지 방법 가운데 후자를 선택할 것을 요구한다. 물리적인 것이든 아니면 이념적인 것이든 어떤 종류의 폭력도 바람직하지 않다. 자유민주주의적 정치 이념을 자처하는 모든 사회에서는 더욱 그렇다. 적어도 문민 정부가 들어선 10년 전부터의 한국에서 가능한 어떤 종류의 공포, 즉 테러는 사라져야 한다. 어떤 양식의 폭력도 용납되어서는 안 된다는 것이다. 이런 점에서 군사 정권 시대와는 다른 형태이지만, 그동안 약간은 자유롭게 된 한국에서 다시금 일종의 보이지 않는 압력, 위협과 같은 물리적으로는 아직 표면화되지 않은 일종의 테러, 그리고 그에 따른 일종의 위협, 공포를 의식하게 된 현재의 분위기는 조심스러우면서도 심각하게 관찰하고 경계해야 할 현상이다.

인간들 간의 갈등을 해결하기 위해서 이성적 담론에 의한 민주적 절차가 한계를 드러내고, 물리적 혹은 이념적 폭력, 즉 테러 행위가 고귀하다고 믿는 가치를 실현하기 위해서 궁극적으로 불가피하게 폭력을 동원해야 할 수밖에 없다고 판단되는 경우가 있고 따라서 테러가 정당화되는 경우가 있다. 그러나 문제는 내가 궁극적으로 믿는 가치와 남이 믿는 궁극적 가치가 근본적으로 다른 경우가 있다는 것을 인식할 때, 나의 가치를 관철하기 위해서 남의 가치를 무시하고 희생시켜도 된다는 근거는 어디에도 없다. 그러므로 설사 어떤 극한 상황에서 상충되는 두 가지 가치 가운데 하나를 선택해야 하고 그러한 가치의 실현을 위하여 폭력을 사용해야 할 경우에 그 행동에 대한 책임을 져야 함은 물론, 행동하기 전에 열 번 백번 그리고 천 번, 폭력 즉 테러의 정당성을 다시 생각해봐야 한다. 설사 내가 개인의 자유보다는 추상적 민족 통일, 개인의 인간적 행복보다는 사회라는 추상적 존재의 번영을 최고의 가치라는 신념으로 확신하게 되었다 하더라도, 다른 이들은 정반대의 인생 철학과 정치 이념의 가치가 더 소중하다고 추호의 의심 없이 확신할 수 있다는 것을 생각해보고 그것을 인정해야 한다. 개인적으로 아무리 고귀하고도 아름다운 가치라고 확신할 수 있는 것이더라도 이념은 흉악한 폭력의 얼굴로 변신할 수 있으며, 무서운 위협과 협박, 공포로 바뀔 수 있다는 것을 냉정히 명심할 필요가 있다.

우리는 모두가 자기 자신만이 독선에 대한 아집을 버리고, 개인적으로나 집단적으로 아무리 확고한 이념적 신념을 갖고 있더라도 다른 개인들이나 다른 집단들의 이념적 신념도 존중할 수 있어야 한다. 우리는 사회가 지금 이념적으로 크게 흔들리고, 위기감과 불안감에 싸여 있게 된 중요한 이유는 북한의 핵, 미국에 대한 젊은 세대의 민족적 정서 변화에서 찾을 수 있겠지만, 더 근본적 이유는 이념적 독선에서 해방되지 못한 이들이 많아지고 있다는 사실에서 찾을 수 있으며, 이렇게 된 원인으로는 역설적이지만 자유민주주의를 국가의 이념으로 출발한 한반도 반쪽인 남한 사회가 사회주의를 건국 이념으로 한 한반도의 또 하나의 반쪽인 북조선 사회보다 그만큼 더 경제적으로 풍요하고 정치적으로 자유롭고 개인적으로 인간다운 면이 있다는 것을 입증하는 것으로 봐야 한다.

테러가 한결같이 부정적인 것은 아니다. 인간은 개인적으로나 집단적으로 자신의 소신, 아닌 자신의 생존을 위해서 목숨을 걸고 물리적, 이념적 폭력에 다 같이 호소할 수밖에 없다고 판단되는 극한 상황에 처할 경우가 있다. 안중근 의사, 윤봉길 열사의 암살 행위, 팔레스타인인의 수없는 자살 폭탄 행위, 진주만의 미군 함대를 파괴한 일본 '가미가제 소년 항공 대원'들의 자살 폭격 행위들이 그렇게 판단되었을 경우의 사례다. 그렇다고 그러한 테러가 자동적으로 정당화되지 않으므로 가급적이면 모든 테러는 피해야 한다. 첫째는 어떠한 가치도 그것을 내가 아무리 진심으로 믿더라도 틀릴 수 있고, 다른 사람이 나의 가치와 양립할 수 없는 전혀 다른 가치를 믿을 수 있기 때문이다. 이러한 사실은 자신의 이념에 대한 독선을 피해야 함을 함의한다. 둘째, 내가 믿는 가치가 옳다고 가정하더라도, 그 가치를 위해 취한 테러 행위가 그 대가로서 목적으로 한 가치 못지 않게 중요한 다른 큰 가치, 즉 인간에게 고통을 주지 않아야 하는 행동 가치를 대가로 치르기를 요구하기 때문이다.

폭력 대신 대화를 택해야 한다. 한국이 자유민주주의 이념으로 세워졌고, 현 정권도 아직까지는 그러한 이념을 부정하지 않고 있기에 더욱 그렇다.

[계간 『철학과 현실』(2003년 가을호)]

전쟁 윤리

전쟁은 무조건 하지 말아야 하는가? 그것은 무조건 악인가? 그 정치적, 국가적 결과가 개인적으로나 집단적으로 어떠하든 간에 무조건 전쟁을 반대해야 하는가? 아니 전쟁은 정확히 무엇을 지칭하는가? 전쟁은 폭력이며, 폭력은 이해 관계가 대립되는 양자 간의 갈등을 해결하는 방법으로 동원되는 하나의 방법으로, 그 방법은 설득이 아니라 물리적 힘이다.

동물들의 세계에서는 설득이 존재할 수 없다. 그들의 세계에는 설득에 전제된 담론이 존재하지 않기 때문이다. 그들 간의 갈등 해결 방법은 폭력뿐이다. 인간만이 담론의 세계 속에 살고 있으며, 따라서 인간만이 자신들 간의 갈등을 폭력이 아닌 설득에 호소할 수 있다. 인간들 간의 갈등이 설득이라는 비폭력적 방법에 의해 해결될 수 있음에도 불구하고, 인간의 역사는 과거나 현재나 다 같이 개인이나 집단 차원에서 크고 작은 폭력으로 점철되어 왔다는 것을 보여준다. 수많은 전설과 옛날의 기록들이나 인간의 집단들이 살고 있었던 지구 어디에서도 발견될 수 있는 폐허가 된 아득한 옛날의 주거지들, 궁전들, 지금은 관광지로 각광받고 있는 지구 사방의 성채들, 박물관 속에 보존된 무기들이 그러한 사실을 입증해준다. 이야기들이나 대부분의 역사적 기록은 지금까지의 인간의 역사가 궁극적으로 주먹이 강한 자가 그렇지 못한 자를 제압하고 억압하며 약탈하고 파멸시켰던 폭력의 역사였다는 것을 드러내 보인다.

전쟁이 폭력이라는 사실은 분명하지만 모든 폭력이 전쟁은 아니다. 폭력은 개인 간, 가족들 간, 부족들 간, 민족들 간, 종족들 간 등 양적으로 여러 스케일이 있고, 그 심도의 측면에서도 여러 밀도로 구별할 수 있다. 폭력의 공간은 사적, 가정적, 촌락적, 작은 지역적, 수많은 내정의 경우처럼 한 국토 안의 한 지방, 팔레스타인과 이스라엘 간의 갈등, 이라크와 이란의 갈등처럼 한 큰 지역, 제1차 세계대전의 경우처럼 유럽과 북미, 제2차 세계대전의 경우처럼 전 세계일 수 있다. 그리고 그 폭력은 김 서방과 이 서방 사이에, 박 씨 집안과 서 씨 집안 간에, 또 각기 중국과 일본, 영국과 프랑스, 기독교권과 이슬람권, 황인종과 백인종 간의 것일 수 있다. 그렇지만 위와 같은 모든 폭력이 전쟁의 범주에 속하지 않는다. 전쟁에 속하는 폭력과 그렇지 않은 폭력이 구별된다. 이 두 가지 종류의 폭력을 논리적으로 정확히 경계 짓는 것은 불가능하다. 하지만 그것들은 그 행위가 이루어지는 공간적 크기, 그 행위에 동원된 방법과 그 행동에 관련된 인구의 수적 차원에서 본 스케일의 크기에 비추어 결정될 수 있다. 이런 관점에서 전쟁은 "군사적 무기와 그 밖의 조직을 대대적으로 동원한, 적어도 국가라는 단위 이상의 크기를 갖은 두 진영 간에 상대방의 정복을 위해 사용되는, 비교적 장기적이고 필사적이며 결과적으로 잔인하고 비참한 대대적 폭력 행위"로 정의될 수 있다. 이런 정의에 비추어볼 때 눈앞에 닥친 이라크에서의 군사적 폭력 행위와 어쩌면 머지않아 있을지 모를 한반도에서의 군사적 충돌은 전쟁의 범주에 속하는 폭행이라는 것은 의심할 수 없다.

그렇다. 전쟁은 적어도 그 자체만을 볼 때 악이라면 무조건 거부해야 한다. 몇 천 년 동안의 과거 인류가 전쟁을 끊임없이 관습처럼 해왔다고 해서 전쟁을 정당화하지는 못한다. 어떤 행동이 악한 것이라면 설사 모든 사람이 다 같이 그리고 언제나 같은 행동을 한다고 하더라도 그 행동은 역시 악하다는 사실에는 변함이 없다. 과거의 모든 전쟁을 반대해야 했었지만, 지금 이라크에서 일어나고 있는 전쟁과 어쩌면 한반도에서 있을지도 모르는 전쟁은 각별히 그렇다.

왜 그런가? 엄청난 파괴력을 가진 무기를 장비한 문제의 이라크나 한반도에서 전쟁이 상상을 초월한 물리적, 인적 파괴와 가혹하게 비참한 고통을 수많은 무고한 사람들에게 가져오리라는 것을 쉽게 상상할 수 있기 때문이다. 폭행과 그 속에 내재된 잔인성은 일종의 축제성, 즉 무상의 심리적 기쁨을 가져올 수 있는 잠재력이 있다는 니체의 주장에 약간의 진리가 포함되었다 하더라도, 타자의 심리적 육체적 고통, 상처, 죽음이 의도적으로 겨냥된 파괴적 행위라는 사실만으로도 모든 폭행은 그자체로서 이미 악이며, 전쟁은 한 집단이 다른 집단에게 가하는 계획적이며 장기적이고 총체적이며 극단적인 대대적 폭행으로써, 다른 집단에의 약탈, 강간, 살인 등 잔인한 행위를 동반한다는 점에서 무조건 거부해야 할 비윤리적 행위라고 결론을 내릴 수밖에 없을 것 같다. 그렇다면 전쟁은 예외 없이 무조건 반대해야 한다는 주장이 설수 있을 것 같다.

정말 그런가? 모든 전쟁이 무조건 비윤리적이며 악인가? 모든 것이 그러하듯, 전쟁의 윤리성 문제도 실제로는 보기보다 훨씬 복잡하고 생각보다 상당히 복잡하다. 인류 역사는 전쟁의 역사로 말할 수 있을 만큼 줄곧 전쟁으로 점철되어 왔으며, 전쟁에 대한 찬반을 둘러싼 맹렬한 논쟁이 과거에도 군인이나 정치가들 사이에서만 아니라 지식인들이나 전문적 철학자들 사이에서도 항상 치열하게 오고 갔던 것은 우연이 아니다.

무조건 폭력보다는 설득을, 무조건 갈등보다는 대화를, 무조건 전쟁보다는 평화를 명백히 주장한 대표적 철학자에는 러셀, 이탈리아의 철학자이자 기호학자이고 소설가인 움베르토 에코를 예로 들 수 있다. 평화주의자였던 러셀은 제1차 세계대전 때 모국 영국의 젊은이들에게 참전 거부를 종용하다가 투옥되었고, 제2차 세계대전 이후의 냉전기에 미국과 소련, 자유 서방 진영과 사회주의 동유럽 진영 사이에 핵무기 경쟁과 전쟁 가능성이 커졌던 상황에서 비록 그것이 자유 진영의 소련 진영에의 무조건 굴복을 의미하더라도 전쟁을 피해야 한다는 주장을 폈다. 또한 에코는 최근의 저서『누구를 위하여 종을 울리는가를 묻지 말라』에서, 21세기는 전쟁이 더 이상 가능하지 않을 뿐만 아니라 가능해서도 안 된다고 주장했기 때문이다.

그러나 언뜻 보기와는 달리 그들은 무조건적 반전주의자는 아니다. 러셀이 무조건적으로 반대하는 것은 원자 무기가 사용될 세계 대전이며, 에코의 전쟁 불가 주장의 근거는 핵무기가 사용되고 인터넷으로 세계가 지구촌화된 현재의 기술 문명에서 그 결과를 생각할 때나 전쟁 조건을 반성해볼 때, 기술적으로 과거와 같은 일 대 일의 전쟁이 불가능하게 되었다는 데 있다. 그렇다면 그들의 반전론은 모든 전쟁이 아니라 오늘날의 가공할 파괴력을 가진 무기가 동원되는, 비참한 결과를 초래하는 전쟁의 어리석음에 근거한다. 이러한 관점에서 그들은 어떤 종류의 전쟁은 허용할 수 있을 것이다. 윤리적으로 정당화될 수 있느냐 없느냐의 논쟁과는 상관없이, 언제나 양육강식의 원리로 지배되는 동물들 간의 관계가 폭력을 제외하고는 서술될 수 없듯이, 인류사는 곧 전쟁이라고 말할 수 있을 만큼 지구 어느 곳에서나 끊임없이 일어났던 작고 큰, 짧고 긴, 덜 잔인하고 더 잔인한 전쟁의 이야기들을 빼놓고 쓰일 수 없다는 것은 아무도 부정할 수 없는 객관적 사실이다. 이러한 사실은 고대 바빌로니아, 페르시아 등 소아시아 제국들을 중심으로 벌어졌던 전쟁들, 고대 그리스를 중심으로 한 지중해의 여러 도시국가들 사이의 수많은 전쟁들, 고대 중국의 전국시대의 각 지역의 토족들 간의 전쟁들, 로마제국에서 벌어졌던 수많은 전쟁들, 유럽 중세에 두 번에 걸친 십자군전쟁들, 근세의 종교 전쟁, 그리고 20세기에 들어와 두 번에 걸친 세계 대전들, 명치천황의 왕정 복권이 있기 이전에 일본 열도에서 벌어졌던 토호들 간의 끊임없는 전쟁들의 끔찍한 전투 장면, 전투 후의 파괴 상황을 상상만 해도 전쟁을 원하는 이, 그것이 어떤 종류이고 어떤 규모며 어떤 목적을 가졌던 것인가와는 상관없이 전쟁을 반대하지 않을 사람을 생각하기 어렵다.

폭력, 거대 집단적 폭력으로서의 전쟁은 저주로 보든 아니면 축복으로 보든 아무 상관없이, 적어도 지금까지 형성되어온 인간 집단 간의 관계의 형이상학적 속성으로 생각할 수 있을 만큼 역사적으로 오랜 원천에 뿌리를 박고, 보편성이라고 할 만큼 시간과 공간을 초월해서 존재하고 있는 객관적 사실이다. 그럼에도 불구하고 주먹보다는 말이, 폭력보다는 논지가 지배하는 세상이 더욱 바람직하며, 폭력보다는 대화가, 전쟁보다는 평화가 지배하는 세계가 열배, 백 배, 천 배, 아니 만 배 더 바람직하다. 니체의 주장과는 달리, 정상적인 조건에서 이러한 심성은 이성을 가진 모든 인간에게 공통적으로 발견될 수 있다고 확신한다.

러셀은 감옥에 갇히는 것을 감수하고 영국의 제1차 세계대전 참전을 반대했고, 간디는 대영제국으로부터 조국의 독립을 쟁취하는 데, 마틴 루터 킹은 미국 내 흑인의 인권을 위해 투쟁하는 데, 다른 많은 운동가들과는 달리 폭력을 거부하고 끝까지 비폭력적 방법을 고집하고 싸우다가 죽음을 당했다. 힌두교·불교는 생명에 대한 폭행, 더 정확히 말해서 생명에 고통을 가하는 인위적 모든 행동을 형이상학적, 종교적 차원에서 거부한다. 예수는 남이 우리의 한쪽 뺨을 칠 때 다른 쪽 뺨을 내밀라고 가르쳤다. 그리고 이와 같은 사람들이나 이와 같은 종교에 깔려 있는 비폭력 사상은 종교적으로 윤리적으로 옳고 아름답다.

그러나 안타깝게도 이상과 현실은 다르다. 아주 역설적인 것은, 오늘날에도 과거와 똑같이 비폭력을 주장하는 힌두교 혹은 불교도들이 자신들의 비폭력주의적 종교를 지킨다는 명목으로 끊임없이 다른 종교 집단에 폭력으로 대처하기를 주저하지 않았다는 사실에서 알 수 있다. 과거나 오늘날 기독교도들은 뺨을 맞지도 않았는데도 두 차례나 십자군을 파병하여 자신과 다른 종교를 믿는 이들을 잔인한 폭력으로 정복하려 했었고, 기독교국들은 17~20세기에 걸쳐 세계를 정복하고 약탈하는 행위를 해왔다.

불행하게도 우리의 바람과는 반대로 각 개인, 특히 각 인간 집단은 인류 역사를 통해서 그리고 아직까지도 폭력, 전쟁의 형태를 가진 집단적 그리고 대대적 폭력에 대한 유혹에서 완전히 자유롭지 못하다. 모든 과거나 현재의 모든 폭력, 모든 전쟁이 다 같이 변명되거나 정당화되는 것은 결코 아니지만, 구체적인 현실 상황에서 인간 집단 간의 갈등이 전쟁이라는 폭력 이외에는 어떤 다른 방법으로도 풀 수 없다고 판단되는 경우가 있기 때문이다.

아무리 말로 설득하고 양보해도 나의 목숨까지 폭력으로 빼앗고자 하는 상대방과 일 대 일 대치를 피할 수 없는 경우, 아무리 협상으로 양보하고 갈등을 풀고자 해도 내 국가를 굴복시키고 내 민족의 자유와 존엄성을 군사적 방법으로 약탈하려는 국가나 민족 집단과 대결했을 때, 죽음이나 국가·민족적 종속을 각오한 대결로서의 폭력이나 국민의 생명과 재산의 막대한 희생을 무릅쓴 대결로서의 전쟁 선택이 그 반대의 경우보다 옳은 선택으로 결단해야 할 궁지에 처하는 경우를 피할 수 없을 때를 자주 당면하게 된다. 이러한 것이 구체적 인간의 삶의 현실이라면, 바람직한 아니 윤리적으로 옳고 인간적으로 당당한 선택이 후자일 수밖에 없다는 것을 부정할 수 있는 이는 아무도 없을 것이다.

끝까지 협상과 사찰을 거부하고 자신들의 영토, 도시, 가옥, 개인적 생명을 파괴하고 자신들의 국가와 국민을 점거하고 종속시키려고 미·영 양국 군대가 공격하러 온다면, 이라크 군인은 물론 온 국민은 그러한 외국 군대의 공격에 대응하여 자신은 물론 국가와 국민 그리고 인간으로서나 민족으로서나 국민으로서의 자존심을 방어하기 위해여 끝까지 전투를 벌이는 길 이외에 다른 선택이 없다. 만일 내가 한국인으로서 국가의 건국 이념인 자유민주주의를 진심으로 믿고 있는 상황에서, 남한 국가 이념과 정면으로 상충되는 이념을 토대로 세워진 북조선 정권이 핵무기를 갖고 남한을 위협하면서 자진 혹은 강제적 흡수하여, 사회주의적 통일과 죽음을 걸고서라도 지켜야 할 국가 이념인 자유민주주의 중 둘 가운데 하나의 선택이 강요됐다면, 내가 마땅히 택해야 할 유일한 선택은 후자며, 그것을 위해서는 목숨을 건, 즉 전쟁을 마다하지 않겠다는 결단이다. 이러한 결론을 부정한다는 것은 인간적 현실을 무시함이다.

인간의 구체적인 현실을 냉정하게 관찰하고 인식한다면, 전쟁을 무조건 부정할 수 있는 이성적 인간은 있을 수 없을 것이다. 안타깝게도 그리고 역설적으로 정당화할 수 있는 전쟁, 우리에게 윤리적, 이성적 의무로 전쟁과 같은 조직적 그리고 끔찍한 폭력을 무조건 배제할 수 없는 것이 아직까지는 인간의 사회적 현실이라면, 어떤 상황에서 전쟁이라는 폭력은 정당화될 수 있을 뿐만 아니라 종교적 혹은 윤리적 의무로 나타날 수도 있는 것이 아닌가?

전쟁은 서로 적대적 관계로 대립되는 두 집단 간의 적극적이며 계획적인 폭력적 행위며, 이런 관계에 비추어볼 때, 적어도 시초에는 둘 가운데의 한쪽이 상대방에게 먼저 공격을 가하고, 공격을 당한 쪽이 방위적으로 대응하게 됨으로써 일어나는 폭력 행위다. 그러므로 전쟁은 그 동기의 관점에서 볼 때 공격적인 것과 방위적인 것으로 분류된다. 유엔헌장에 의하면, 세 가지 종류의 전쟁만이 합법적이다. 첫째는 방위적인 전쟁이며, 둘째는 선제 공격을 받지 않은 상황에서라도 적이 곧 공격해와서 우리 집단을 파괴할 조짐이 확실한 경우이거나, 셋째는 유엔이 인정한 전쟁만 법적, 도덕적으로 정당화될 수 있다.

그러나 이 세 가지 조건들은 좀더 자세한 단서를 붙이지 않는 한 납득되지 않는다. 첫째 조건을 생각해보자. 모든 인간이 동등하고 모든 인간이 자신의 생존은 물론 번영, 자유, 존엄성, 행복을 누릴 수 있는 권리를 갖고 있다고 전제할 때, 한 집단이 자신만의 권리를 주장하는 나머지 다른 집단의 권리를 구체적 폭력으로 공격하여 위협하고 약탈하려 한다면, 그러한 도전을 받는 다른 집단이 자신의 권리를 위해서 그러한 도전에 똑같은 폭력으로 대응하는 것은 당연하다. 그러나 만약 선제 공격을 당한 쪽이 스스로 혹은 제3자가 이성적으로 객관화해서 반성해볼 때, 선의 축이 아니라 악의 축에 속한다는 것을 인식하고 인정한다면, 선의 축의 공격에 대응하는 것보다는 그것에 의한 악의 체제를 간수라는 것이 합리적이다. 둘째 조건의 가장 어려운 문제는, 어떻게 상대방의 선제 공격이 있을 것을 확신하고 자신의 선제 공격을 정당화할 수 있는가에 대한 대답을 찾는가에 있다. 상대방이 선제 공격을 한다는 판단과 주장은 자신이 선제 공격을 하기 위한 구실이 될 수 있기 때문이다. 셋째 조건도 문제다. 그것은 유엔이라는 국제 기관의 판단이 민주적 합의에 근거한 것이라고는 하지만 그것이 '객관적 사실', '이성적 판단', '진리'에 근거한 것이 아니라 강대국들의 정치적 협상이나 아니면 몇몇 특정한 국가들의 외교적 전략의 산물에 지나지 않을 수 있다는 사실에 있다.

전쟁은 그 자체만을 볼 때 가장 큰 악이다. 그러나 불행하고 안타깝지만, 그것이 현재까지의 인간 사회에서 필요악이라는 사실도 엄연한 사실이다. 그러나 어떤 전쟁이 그냥 악이며, 어떤 전쟁이 필요악인가를 결정하는 것은 적지 않은 경우 따질수록 결코 쉬운 일이 아니다. 악으로서 전쟁은 가능한 모든 노력을 다해서 피해야 하고, 불가피한 악으로서 선택을 결정할 때는 열 번, 백 번, 아니 천 번의 숙고를

필요로 하는 이유가 여기에 있다. 모든 윤리적 결정은 언제
나 어렵지만 전쟁 윤리는 더욱 그렇다.

[계간 『철학과 현실』(2003년 겨울호)]

□ 지은이 / 박이문(朴異汶) ─────────────────────────

서울대 불문과와 같은 대학원을 졸업하고 프랑스 소르본느대에서 불문학 박사 학위를, 미국 남캘리포니아대에서 철학 박사 학위를 받은 뒤, 이화여대·렌슬레어공과대·미국 시몬스대 등에서 강의를 하였다. 포항공대 철학과 교수로 재직하다 정년 퇴임한 뒤 현재 미국 시몬즈대 명예교수, 연세대 특별초빙교수로 있다.

저　　서

『시와 과학』(일조각, 1975)
『문학 속의 철학』(일조각, 1975)
『철학이란 무엇인가』(일조각, 1976)
『현상학과 분석철학』(일조각, 1977)
『파리(巴里)의 작가들』(민음사, 1977)
『하나만의 선택』(문학과지성사, 1978)
『노장사상』(문학과지성사, 1980)
『인식과 실존』(문학과지성사, 1982)
『예술철학』(문학과지성사, 1983)
『명상의 공간』(일조각, 1984)
『동서의 만남』(일조각, 1985)
『종교란 무엇인가』(일조각, 1985)
『사물의 언어 ─ 실존적 자서전』(민음사, 1988)
『삶에의 태도』(문학과지성사, 1988)
『자비의 윤리학』(철학과현실사, 1990)
『과학철학이란 무엇인가』(민음사, 1993)
『철학전후』(문학과지성사, 1993)
『우리 시대의 얼굴』(철학과현실사, 1994)
『문학과 철학』(민음사, 1995)
『문명의 위기와 문화의 전환』(민음사, 1996)
『이성은 죽지 않았다』(당대, 1996)
『다시 찾은 빠리 수첩』(당대, 1997)
『철학의 여백』(문학과지성사, 1997)
『상황과 선택』(서울대 출판부, 1997)
『문명의 미래와 생태학적 세계관』(당대, 1997)
『아직 끝나지 않은 길』(민음사, 1997)
『자연, 인간, 언어』(철학과현실사, 1998)
『나의 출가』(민음사, 2000)
『바꿔, 바꿔』(민음사, 2000)
『이성의 시련』(문학과지성사, 2001)
『더불어 사는 인간과 자연』(미다스북스, 2001)
『환경철학』(미다스북스, 2002)

『역사적 전환기의 문화적 재편성』(철학과현실사, 2002)
『길』(미다스북스, 2003)
『문학과 언어의 꿈』(민음사, 2003)
『이카루스의 날개와 예술』(민음사, 2003)
『사유의 열쇠』(산처럼, 2004)
『행복한 허무주의자의 열정』(미다스북스, 2005)
『논어의 논리』(문학과지성사, 2005)
『과학의 도전, 철학의 응전』(생각의나무, 2006)
『당신에겐 철학이 있습니까?』(미다스북스, 2006)
『나는 왜 그리고 어떻게 철학을 했나』(삼인, 2006)
L'Idée Chez Mallarmé (Centre Documentation Universitaire, Paris, 1966)
Being and meaning in Merleau-Ponty (Pan Korea, Seoul, 1981)
Reason and Tradition (International Christian University, Tokyo, 1990)
Essais Philosophiques st Littéraires (서울대 출판부, 1997)
Reality, Rationality and Value (서울대 출판부, 1998)
Man, Language and Poetry (서울대 출판부, 1999)

시　　집

『눈에 덮인 찰스 강변』(홍성사, 1979)
『나비의 꿈』(일조각, 1981)
『보이지 않는 것의 그림자』(민음사, 1987)
『울림의 공백』(민음사, 1989)
Broken Words (민음사, 1999)
Zerbrochne Wörter (Abeba, HamBurg, 2004)
『아침 산책』(민음사, 2006)

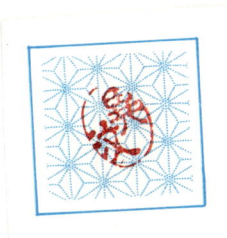

한국은 어디로 가고 있는가

초판 1쇄 인쇄 / 2007년 3월 15일
초판 1쇄 발행 / 2007년 3월 20일
■

지은이 / 박　이　문
펴낸이 / 전　춘　호
펴낸곳 / 철학과현실사
서울특별시 서초구 양재동 338의 10호
전화 579—5908~9
■

등록일자 / 1987년 12월 15일(등록번호 : 제1—583호)
■

ISBN 978-89-7775-621-2 03300
*잘못된 책은 바꾸어 드립니다.

값 10,000원